Espacios de dominación, espacios de resistencia

Studien zur romanischen Sprachwissenschaft und interkulturellen Kommunikation

HERAUSGEGEBEN VON GERD WOTJAK

Band 93

Fruela Fernández

Espacios de dominación, espacios de resistencia

Literatura y traducción desde una sociología crítica

PETER LANG
EDITION

Bibliographic Information published by the Deutsche Nationalbibliothek
The Deutsche Nationalbibliothek lists this publication in the Deutsche Nationalbibliografie; detailed bibliographic data is available in the internet at http://dnb.d-nb.de.

Library of Congress Cataloging-in-Publication Data
Fernández, Fruela, 1982– author.
Espacios de dominación, espacios de resistencia :
literatura y traducción desde una sociología crítica / Fruela Fernández.
    pages cm — (Studien zur romanischen Sprachwissenschaft und interkulturellen Kommunikation ; Band 93)
Includes bibliographical references.
ISBN 978-3-631-64633-5
1. Translating and interpreting—Social aspects. 2. Sociolinguistics. I. Title. II. Series: Studien zur romanischen Sprachwissenschaft und interkulturellen Kommunikation ; Bd. 93.
PN241.F47 2014
418'.02—dc23

2013044294

ISSN 1436-1914
ISBN 978-3-631-64633-5 (Print)
E-ISBN 978-3-653-04011-1 (E-Book)
DOI 10.3726/978-3-653-04011-1

© Peter Lang GmbH
Internationaler Verlag der Wissenschaften
Frankfurt am Main 2014
All rights reserved.
Peter Lang Edition is an Imprint of Peter Lang GmbH.

Peter Lang – Frankfurt am Main · Bern · Bruxelles · New York · Oxford · Warszawa · Wien

This book is part of the Peter Lang Edition list and was peer reviewed prior to publication.

www.peterlang.com

En griego, la palabra «crisis» formaba parte de los conceptos centrales de la política. Significaba «separación» y «lucha», pero también «decisión», en el sentido de una inclinación definitiva de la balanza. Así fue como Tucídides utilizó la palabra, a efectos de reducir la rápida salida de las guerras persas a cuatro batallas decisivas. Pero «crisis» significaba también «decisión» en el sentido de la producción de un juicio y del enjuiciamiento, cosa que hoy pertenece al ámbito de la «crítica». En griego, pues, los ámbitos de sentido, posteriormente separados, de una crítica «subjetiva» y una crisis «objetiva» estaban cubiertos por la misma palabra.

(Koselleck 1982 [2007]: 241-242)

Índice

Introducción: El análisis como defensa

Hace tiempo que la política, el periodismo y la publicidad –marcados por un crecimiento y una precipitación que, con frecuencia, los convierte en variaciones de un solo discurso– insisten en las nociones de «cambio», de «transformación», de «apertura», de «ampliación»: la *comunicación* se postula como la base de las nuevas sociedades, el *acceso* a las prácticas sociales y culturales se diversifica, la *información* parece circular sin restricciones… El mundo se transforma y se manifiesta con la paradoja de ser, al mismo tiempo, más grande (cada vez más territorios participan en el sistema mundial) y más pequeño (cada vez existen más posibilidades de traslado y de exploración). Con menor o mayor acierto, las ciencias sociales y la filosofía responden a este marco de cambio produciendo nuevos conceptos para esa realidad inestable: «sociedad del riesgo» (Ulrich Beck), «era de la información» (Castells), «modernidad líquida» (Bauman) o «hipermodernidad» (Lipovetsky) son algunos de los términos que se reiteran en las discusiones[1].

Suele ocurrir con los grandes relatos, sin embargo, que sea su reverso el que dé la verdadera medida de su importancia social. Se nos habla de una sociedad basada en la «información», pero ¿con cuánta frecuencia se nos recuerda que, a la vez que generamos «información», a la vez que definimos preferencias y trayectorias, nos hacemos más definidos como objetivos comerciales para las empresas y más controlables como sujetos para los estados? Se nos insiste en la primacía del «conocimiento», pero rara vez se nos explica cómo este se ha convertido en el nuevo factor de opresión: cuanto mayor es el peso de la tecnología en el mundo y en el ejercicio del poder, más aumenta la desigualdad entre quienes pueden acceder al «conocimiento» y quienes no tienen la oportunidad, siquiera,

---

1 Sería factible añadir a este listado el concepto de «sociedad del espectáculo», empleado con tanta frecuencia en los medios de masas. Sin embargo, el grado de banalización al que es sometido en el discurso mediático –restringiendo la noción de «espectáculo» a su significado de aparatosa y llamativa diversión pública– hace de él un concepto derivado que apenas guarda semejanzas con el planteamiento de Guy Debord.

de continuar una trayectoria ajena a su dominio. Se nos sigue hablando, en fin, sobre la globalización como fomento de los intercambios y como proceso de democratización, mientras nuestra cotidianeidad nos permite ver las señales contrarias: la expansión previa a la crisis económica mostró con claridad que el aumento de los intercambios y de las inversiones no constituye por sí mismo un factor de equilibrio; tampoco el mayor número de participantes implica una mayor «igualdad» cuando tan sólo se procede a ampliar unos mercados que resultan insuficientes y donde se mantienen las asimetrías de poder.

Ni la cultura ni la literatura internacional son ajenas a esta ambigüedad de las transformaciones. Nunca se ha editado, importado ni traducido tanto como en las últimas décadas, nunca han circulado los libros con tanta celeridad de un espacio cultural a otro; sin embargo, tampoco había estado un volumen tan grande de la producción y de la distribución controlado por un número tan reducido de consorcios y empresas multinacionales. Por más que los campos literarios hayan tenido, desde su surgimiento, un importante grado de conexión y de interdependencia, nunca habían compartido tantas estructuras de distribución y de difusión como en el presente. Resulta ineludible, por tanto, preguntarse acerca de las condiciones de estos espacios: qué autonomía puede mantener un campo cultural en estos momentos, cómo interaccionan lo nacional y lo internacional, qué estructuras permanecen y bajo qué forma, de qué modo se ejerce la dominación y hasta qué punto se puede extender la resistencia.

A partir de una reflexión sobre la literatura global, sobre la edición, sobre la traducción, sobre los traductores y las traductoras, este libro prolonga esas preguntas para reivindicar el carácter político de las ciencias sociales y de la investigación. El pensamiento crítico siempre ha sido *estratégico*: el análisis teórico no implica un imperativo de lucha, pero proporciona «indicadores tácticos» que emplear en ella, como apuntaba Foucault; la sociología, decía Bourdieu, es «un arte marcial», una técnica de defensa propia que procura conceder al atacado, al dominado, la destreza necesaria para hallar la debilidad en la energía de su atacante. Desde esa convicción quiere este libro contribuir a la labor *defensiva* del conocimiento. No pretende ser una «llamada a la acción» −¿para quién? ¿con qué razones?− sino ofrecer un conjunto de indicadores tácticos, de estrategias, de conceptos; una muestra, si se quiere, de *llaves*, en su doble sentido de utensilio y de técnica.

Unidos por ese planteamiento, los seis capítulos que componen esta obra ofrecen distintas perspectivas metodológicas, distintos conceptos de trabajo, distintas herramientas. Aunque se trate de un proceso de reflexión académica, su objetivo es dialogar con los especialistas sin dejar de lado a los múltiples lectores que, de un modo u otro, toman parte en el sector: de editores a críticos, pasando por escritores, gestores, profesores y, lógicamente, traductores, en acto o en formación. De esa voluntad se deriva la estructura que sostiene la obra: si los primeros capítulos plantean un terreno desde el que reflexionar críticamente sobre la literatura y la traducción en el mundo contemporáneo, los siguientes enfocan distintos aspectos de la problemática –el prestigio, la expresión del gusto, la desigualdad de género, el ejercicio de poder, el enfrentamiento estético– combinando planteamientos metodológicos y explicaciones de casos. En numerosos pasajes he recurrido a estudios propios ya publicados, aliviando de ese modo la presentación de datos y de gráficos; en tales secciones, se ha incluido la referencia pertinente para quien tenga interés en prolongar el estudio.

Conviene notar, como indica su título, que este libro recurre a *una* sociología crítica, indicación un tanto neutra que puede extrañar cuando, desde el primer momento, se reivindica el método y la impronta de Pierre Bourdieu. Son varias las razones para esta precisión. No querría, en primer lugar, pretender que la perspectiva desde la que se escribe sea *la* sociología de Bourdieu: no sólo porque mi lectura oscurecerá o resaltará aspectos concretos de su método a la vez que integrará elementos ajenos, sino también por el carácter dinámico de la obra de Bourdieu, en la cual los conceptos no dejaron de evolucionar, de matizarse y complementarse. Por otro lado, sería contradictorio que mi planteamiento replicase una de las estrategias intelectuales que analiza: la unión del «nombre» consagrado al texto aún por hacer, la transferencia de una posición a otra. No se prueba la valía de una investigación en la presentación de sus afinidades, sino en su potencial para ser *hecha práctica*.

Debe apuntarse, por último, que la reivindicación de una posición crítica en este libro no implica una intención prescriptiva. La tarea sociológica consiste, como ya señaló Max Weber, en *comprender* una acción; se trata, en otras palabras, de definir su significado social, no de establecer si el significado es «verdadero» o «correcto». No hay, por tanto, voluntad de presentar unos estilos, tendencias o conceptos como superiores o más acertados que otros, sino de indagar cómo y por qué se

11

producen, qué revelan, qué ocultan, qué serie de riesgos y de oportunidades hay en ellos. Ahí, en esa forma de *mostrar* el reverso del relato, se
encuentra la capacidad de la crítica.

1. Mapas, campos, sistemas: la traducción literaria en un marco sociológico

Cuando una ciencia hace progresos, tan sólo los alcanza en el ámbito de lo concreto y siempre en el ámbito de lo desconocido. Ahora bien, lo desconocido se halla en las fronteras de las ciencias, ahí donde los profesores «se devoran», como dice Goethe (yo digo «devorar», aunque Goethe no es tan comedido). Por lo general es en estos dominios mal compartidos donde residen los problemas urgentes.

(Mauss 1936 [2010]: 365)

Durante la segunda mitad del siglo XX, las ciencias sociales y humanas aparecen marcadas por el llamado «giro cultural», que sitúa la cultura – con sus múltiples y problemáticas connotaciones– en un lugar de privilegio investigador. Como todo cambio de paradigma, el giro cultural se produjo de manera progresiva, condicionado por una serie de transformaciones sociales que habían contribuido a una revisión de la estructura existente: el desarrollo tecnológico y la expansión del capitalismo, que debilitan las concepciones teleológicas de la historia a la vez que transforman la distribución y el consumo de los bienes culturales; el surgimiento de un pensamiento postcolonial y los primeros cambios en la percepción occidental del resto de culturas; la crítica a la oposición entre «alta» y «baja cultura» y la incorporación de elementos sociales en el análisis de los diversos usos y preferencias culturales; el reconocimiento, en suma, del proceso de *construcción colectiva* que implica la «realidad social» y la revisión histórica de conceptos que se consideraban evidentes o que se presentaban bajo una pretensión de necesidad que ocultaba los intereses reales de su formación, como las estructuras institucionales.

Inevitablemente, este contexto de transformación en las ciencias humanas implicó a los estudios en torno a la traducción y la interpretación: por una parte, su tardía aparición como disciplina autónoma los ha marcado con una dependencia ansiosa respecto a las metodologías ajenas, llevándolos a una búsqueda constante –y no siempre acertada– de nuevos paradigmas (Gambier 2006: 31–32); más relevante aún fue, sin duda, la propia condición de sus objetos de estudio, marcadamente influidos por las condiciones culturales. Aunque tardío, el giro cultural no sólo tuvo una marcada influencia en el interior del ámbito (Lefevere & Bassnett 1990; Snell–Hornby 2006: 47–67), sino que puede considerarse, en varios aspectos, una transformación decisiva de la disciplina, ya que contribuyó a redefinir su método, marcó la orientación de nuevos planteamientos teóricos e influyó en la consecución de mayor autonomía académica para los estudios de traducción.

Pese a todo, la introducción de elementos «culturales» en el análisis no evitó que, en muchos casos, la investigación traductológica permaneciera *dentro* del texto, sin llegar a tratarlo en sus variables sociales: el campo de producción, el campo de recepción y los agentes implicados en el proceso[2]. Si bien «lo social» se había hecho presente en el área de trabajo a través de «lo cultural», el proceso de integración de estas dimensiones sociales del objeto de estudio –en especial desde una perspectiva que no se limitase a la formulación teórica– no se produjo de manera inmediata, sino que, con algunas excepciones (Toury 1980; Lambert, D'hulst & Van Bragt 1985; Pym 1988), requirió un largo periodo antes de hacerse visible a través de distintos enfoques (Lefevere 1992; Lambert 1993; Gouanvic 1994; Magalhaes 1996)[3].

Esta reorientación social de la investigación, iniciada durante la década de 1990, se ha consolidado en los inicios del siglo XXI, hasta el punto de que algunos investigadores hayan comenzado a plantear la posibilidad de un «giro social» o «sociológico» en la disciplina (Wolf 2006, 2007; Prunč 2007; Chesterman 2009). Aunque el surgimiento de este concepto ya sea revelador de un cierto cambio, su uso no sólo parece impreciso, sino también prematuro: por un lado, no conviene confundir lo «social» con lo «sociológico», en especial en casos en que el término «social» se emplea como referencia a una posibilidad de implicación o de actuación social (p.ej. Wolf 2007); por otro, sólo cabría

---

2 Pym (2006) propone una crítica semejante, aunque limita la cuestión social al estudio de los agentes; Prunč (2007) ha planteado a su vez otros argumentos en torno a la contradicción de determinados enfoques «culturales» sin factor social.

3 Algunos investigadores, como Mary Snell–Hornby (2006: 172), niegan esta diferencia temporal y argumentan que las implicaciones sociales de la traducción siempre han constituido un elemento central en la disciplina. Sin embargo, esta presencia, como se ha indicado, fue, en demasiadas ocasiones, internalista y teórica, lo que impedía una verdadera integración de lo social en el análisis.

hablar de un giro disciplinar cuando el cambio de paradigma afecte al conjunto de los estudios realizados y no a una parte –tal vez relevante, pero sin duda limitada– de ellos. Más allá de estas precisiones, debe observarse que la inclinación propiamente sociológica de la traductología no constituye un hecho casual, puesto que acompañó su concepción como disciplina: ya en 1972, dentro de su pionero mapa de los estudios de traducción, James Holmes introdujo un área denominada «política de traducciones» (*translation policy*), cuyo objetivo, de manera marcadamente sociológica, sería definir «el lugar y la función de los traductores, la traducción y las traducciones en el conjunto de la sociedad» (Holmes 1972 [1988]: 78). Tal vez cabría, por tanto, referirse a una situación de latencia del enfoque sociológico, que se habría hecho presente de manera temprana por su afinidad con los propósitos de investigación, aunque sin desarrollarse por completo durante décadas. Debería tenerse también en mente un problema metodológico: por una parte, los estudios de las variables sociales que se fueron desarrollando carecían de la sistematización que requiere un enfoque para poder asentarse dentro de una disciplina; por otra, un número importante de tales acercamientos eran, en cierto modo, «sociologizantes», pues empleaban conceptos o métodos tomados de la sociología sin el proceso necesario de indagación, construcción y adaptación (Gambier 2006: 37).

Aun asumiendo estas matizaciones necesarias, el número creciente de publicaciones y de eventos científicos parecen sugerir que, en efecto, los estudios traductológicos están afianzando en la actualidad su afinidad con la sociología. Sin embargo, esta afirmación es relativamente trivial si no se establece cómo podría configurarse ese enfoque o acercamiento sociológico a la traducción: en primer lugar, por el carácter problemático del concepto de «traducción» y de su variabilidad socio-histórica, dependiente de la comunidad de producción (Toury 1980, 1995)[4]; en segundo lugar, por la propia diversidad de la sociología, que debe entenderse como «un conjunto de disciplinas» (Diaz Fouces & Monzó 2010: 10) que recurren a una gran diversidad de enfoques. Teniendo en cuenta estas precisiones, el análisis de las principales propuestas en torno a una

---

4   «Una traducción es cualquier texto considerado y aceptado como traducción por una determinada comunidad» (Toury 1980: 43).

posible «sociología aplicada a la traducción»[5] permitiría establecer, por encima posibles diferencias de sistema y de terminología, tres ejes de investigación:

– el *producto*: las traducciones en el contexto de un mercado internacional y de unos campos de producción y recepción nacionales, configurados a partir de una historia propia y según unas relaciones sociales concretas;

– el *proceso*: la producción, distribución y recepción de traducciones, que implicaría aspectos tan diversos como los procedimientos de calidad y revisión, los criterios de selección de los textos de partida, los modos de valoración y empleo del producto, los diferentes discursos relacionados, etc.;

– los *agentes*: los productores (traductores e intérpretes), junto a las instituciones, clientes, editores, analistas y usuarios insertos en la red de relaciones laborales, sociales y culturales del campo estudiado.

El planteamiento de una sociología aplicada a la traducción y a la interpretación implica, de manera consecuente, la respuesta a otra pregunta: *desde qué sociología* se trabaja. Como se ha indicado, los posibles enfoques dentro de la disciplina sociológica son muy diversos y no tratan los mismos aspectos del proceso social, ni del mismo modo. Los estudios traductológicos que han recurrido a un acercamiento interdisciplinar se desarrollan, en consecuencia, a partir de diversos marcos teóricos: desde la sociología de la comunicación (Wadensjö 1998, Davidson 2000) a la sociología de las profesiones (Magalhaes 1996; Monzó 2005, 2006), pasando por la «teoría de sistemas» de Niklas Luhmann (Hermans 1999; Vermeer 2006; Tyulenev 2009) o la teoría del Actor–Red de Callon y Latour (Buzelin 2005, 2007). A pesar de esta productiva diversidad, sin duda el planteamiento de mayor influencia en los estudios de traducción ha sido la sociología de Pierre Bourdieu, empleada –con menor o mayor conocimiento– por un considerable número de investigadores. Ahora

---

5   La denominación «Sociología *Aplicada* a la Traducción» resulta, a mi entender, preferible a la más directa «Sociología de la Traducción», ya que evita confusiones con la teoría sociológica de Bruno Latour y Michel Callon, popularizada con ese nombre. Las principales propuestas metodológicas que sintetizo en mi análisis son: Heilbron & Sapiro 2002, 2007; Bachleitner & Wolf 2004; Chesterman 2006, 2009; Pym 2006; Wolf 2006, 2007; Diaz Fouces & Monzó 2010.

bien, ¿por qué (y hasta qué punto) se ha convertido Bourdieu en una referencia central para este nuevo movimiento investigador?

La sociología crítica de Pierre Bourdieu

La sociología de Pierre Bourdieu (1930–2002) –que abarca objetos tan variados como el sistema educativo, la sociedad campesina, el gusto, la estructura del estado, el acceso a las artes o la exclusión social– se ha calificado de «estructuralismo genético» (Lebaron 2000) o de «estructuralismo constructivista» (Bourdieu 1987), expresando mediante la unión de tales conceptos, en apariencia dispares, el propósito integrador de su sistema, opuesto por igual a enfoques materialistas e idealistas, objetivistas y subjetivistas:

> Con estructuralismo o estructuralista, quiero decir que existen, en el propio mundo social, [...] estructuras objetivas, independientes de la conciencia y de la voluntad de los agentes, que son capaces de orientar o de constreñir sus prácticas o sus representaciones. Con constructivismo, quiero decir que hay una génesis social de, por una parte, los esquemas de percepción, de pensamiento y de acción que son constitutivos de lo que llamo *habitus* y, por otra parte, de las estructuras sociales, en particular de lo que llamo *campos*.

> (Bourdieu 1987: 147)

Esta definición permite delimitar el doble rechazo que caracteriza el trabajo de Bourdieu: por un lado, a las teorías individualistas (fenomenología, existencialismo, actor racional) que plantean las decisiones de los agentes como un conjunto de elecciones libres, conscientes y calculadas; por otro, a los planteamientos deterministas (diversas corrientes marxistas, el primer estructuralismo) que tratan a los sujetos como meros portadores de una estructura («sociedad», «clase», «cultura», etc.) regida por leyes objetivas.

La sociología de Bourdieu se opone a las nociones dualistas a partir de una serie de conceptos que no se definen por exclusión, sino *relacionalmente*, en la interacción de distintos niveles de análisis (la noción de

17

pensamiento «relacional» es una premisa fundamental del método de Bourdieu): «campo», «capital», «habitus» e «illusio».

A partir de un cierto grado de desarrollo, cada sociedad se forma por la imbricación de distintos ámbitos, de importancia y configuración variable, que Bourdieu denomina «campos» (campo económico, político, religioso, literario, etc.) y entre los que existen determinadas relaciones de poder. Cada campo se ha constituido históricamente por la acción de una serie de agentes y en torno a unos intereses específicos; aquello que, en un primer momento, eran una serie de prácticas sociales que no se diferenciaban de otras pasan a formar un campo cuando se autonomizan, cuando adquieren unas estructuras propias y surge un grupo de agentes que reclaman la exclusividad para ejercer tales actividades mediante un proceso de especialización y de legitimación que los justifica ante el resto (Bourdieu 1994: 149–167).

Los campos son relativamente autónomos respecto a las fuerzas externas y, aunque todos presentan ciertas leyes comunes, las variables específicas (temporales, espaciales) hacen que los mecanismos genéricos adopten formas distintas (Bourdieu 1984 [2002]: 114; Accardo 1991 [2006]: 191)[6]. Una de estas leyes comunes indica que todo campo es un espacio de posiciones relacionales, es decir, definidas por sus relaciones con el resto de posiciones: las propiedades de cada posición (y, en consecuencia, del agente que la ocupe en un momento concreto) dependen de su situación en el interior de ese espacio social (Bourdieu 1984 [2002]: 113; Accardo 1991 [2006]: 56). Esta configuración de las posiciones del campo se basa en un reparto desigual de los recursos disponibles. En la medida en que los recursos (el «capital») que posee un sujeto definen su posición dentro del campo, la acumulación de capital es también la expresión de una relación social de poder (Bourdieu 1989b: 375): cuanto mayor el capital de un determinado agente, mayor su capacidad para ejercer el poder –físico o simbólico– dentro de un campo. En consecuencia, todo campo es también un espacio de confrontación donde los agentes intentan alterar la configuración de sus posiciones.

Bourdieu diferencia cuatro tipos fundamentales de capital: el económico, el cultural, el social y el simbólico, aunque ciertos campos

---

6   Ningún campo es completamente autónomo, pero todos tienden a «refractar» las determinaciones externas, transformándolas en conflictos internos acordes a su estructura (Bourdieu 1966: 905).

18

pueden tener otros capitales propios, asimilables en mayor o menor medida a estos cuatro tipos. Aunque el capital económico tiende a prevalecer sobre el resto, los enfrentamientos propios de cada campo pueden influir en la función e importancia de los distintos capitales: así, por ejemplo, el capital económico de un sujeto tiene connotaciones diversas si se halla en el campo empresarial o en un campo artístico, de la misma manera que el capital cultural puede tener mayor o menor peso según cada campo. Asimismo, un tipo de capital puede transformarse en otro para obtener mayor legitimación en un determinado ámbito: de la misma forma que los donantes renacentistas transformaban su capital económico en capital social financiando obras religiosas para la comunidad, grandes fortunas contemporáneas invierten en proyectos filantrópicos que confieren, en ciertas condiciones, una mayor legitimidad a su dominación. En último grado, cualquier característica o tipo de capital puede ser percibido, dentro de un campo concreto, como capital *simbólico*, es decir, como una señal de prestigio según las categorías de percepción y los sistemas de clasificación propios de ese campo (Bourdieu 1987: 160; 1994: 160–161)[7].

La fuerza estructural de estos conceptos no debe oscurecer un elemento fundamental de la teoría bourdieusiana: ni el campo ni el capital existirían sin la implicación de los sujetos, en especial a través del «habitus» y de la «illusio». Por su trayectoria social, los sujetos adquieren un «habitus», un sistema de disposiciones que, una vez interiorizadas, les permiten producir nuevos esquemas de comportamiento ante las situaciones sociales (Bourdieu 1967; 1980: 90–108). Las disposiciones del habitus son duraderas –de ahí la importancia de experiencias tempranas, como la educación escolar y familiar (Bourdieu 1967: 148; Bourdieu & Passeron 1970)– y producen, por tanto, cierta inercia del comportamiento, aunque no son estáticas ni inmutables. El habitus integra a la vez un proceso de socialización y otro de individualización: al tratarse de esquemas sociales, las disposiciones y categorías de juicio tienden a ser compartidas entre aquellas personas que viven bajo condiciones y expec-

---

7   Aunque se volverá sobre este punto en el capítulo 3, es importante que se retenga esta distinción entre «capital» y «capital simbólico», conceptos que no son intercambiables. La lectura apresurada y la tradicional fascinación académica por los términos en detrimento de los contenidos ha hecho de la confusión entre ambos conceptos una constante en la bibliografía relativa a Bourdieu.

tativas sociales similares; al depender de la posición y trayectoria de cada sujeto, ninguna combinación de esquemas puede ser totalmente idéntica a otra (Wacquant 2004: 318–319). En ese carácter dual, el habitus constituye un elemento decisivo para la configuración y estabilidad de los grupos sociales, ya que la proximidad en el espacio social implica un conjunto de disposiciones semejantes y, por tanto, un potencial de unidad (Bourdieu 1980, 1994: 26–27).

De otra parte, la illusio puede considerarse una forma particular de creencia, aquella que lleva a los agentes a considerar que la participación en un determinado campo con sus posibles beneficios merecen el esfuerzo de la adhesión. La illusio tiende a ser inconsciente y desaparece, por tanto, cuando no se observa el campo desde la participación, sino desde el análisis o desde la pertenencia a otro (Bourdieu 1980 [2005]: 111–112; 1994: 151–153): basta comparar, por ejemplo, la reacción que la victoria de un equipo suscita en un sujeto que se interese por el campo deportivo y aquella que tendrá otro sujeto ajeno a él. El concepto de illusio permite estudiar la implicación de los participantes en un campo sin recurrir a modelos economicistas o moralizantes, pero sin caer por ello en el idealismo del desinterés y la generosidad que plantean numerosos discursos políticos y humanísticos. Cada campo produce una forma de interés y un tipo de reconocimientos que le resultan propios y que, desde la perspectiva de otro, pueden parecer absurdos o irreales –piénsese, por ejemplo, en las reacciones tan dispares que suscita la concesión de un Nobel, un Pritzker o una Palma de Oro entre participantes y no participantes de un campo artístico–, pero esta transformación no contradice el hecho de que los agentes que participan en un campo buscan y valoran ese beneficio.

Aun considerando la simplificación que supone todo resumen teórico de un enfoque sociológico de gran complejidad y con distintas fases de evolución, estos conceptos ayudan a delimitar algunas de las líneas de fuerza y de los elementos principales en la teoría de Bourdieu. El análisis de las acciones sociales a partir de la relación entre campo y habitus permite superar la dualidad entre lo social y lo individual, en la medida en que ambas dimensiones interaccionan: las estructuras del campo condicionan las decisiones de los participantes, pero las acciones y enfrentamientos de estos también modifican el campo; a pesar de sus singularidades, las trayectorias individuales no son ajenas a los procesos de formación, a los condicionamientos de grupo ni a las configuraciones y posibilidades del ámbito social donde se desarrollan. Asimismo, la relación entre habitus y condiciones compartidas de vida ofrece una herramienta para matizar el uso de las entidades colectivas («clase», «grupo») y establecer elementos comunes que se aparten de las definiciones apriorísticas (Bourdieu 1980: 90–108). Por otro lado, el enfoque construccionista permite cuestionar los discursos e imágenes que tienden a presentar el estado de la sociedad de manera ahistórica e impersonal, es decir, como si tales estructuras no fueran producto de una construcción y evolución temporal en la que han participado distintos agentes con objetivos específicos; de este modo, es posible analizar la disparidad entre el discurso de legitimación y el proceso real de constitución de conceptos y realidades sociales («nación», «lengua», «cultura», «marginalidad», «Arte»). La sociología de Bourdieu permite analizar estos procesos desde la denuncia de la «violencia simbólica», es decir, poniendo de relieve las estructuras de poder que logran establecer como legítimos esos significados, valores y jerarquías a la vez que disimulan las relaciones de fuerza que han permitido su imposición (Bourdieu & Passeron 1970; Bourdieu 1972: 18).

La sociología de Bourdieu integrada en los Estudios de Traducción

El hecho de que Pierre Bourdieu se haya convertido en una referencia para la investigación en traducción e interpretación parecería corresponderse con una corriente general en las humanidades, ya que, de acuerdo con las mediciones de Thomson Reuters, Bourdieu es actualmente el segundo autor más citado en ciencias sociales tras Michel Foucault. Sin embargo, si se pretende ir más allá de la trivialidad de las tendencias académicas, importa descartar las aproximaciones generales y comprender qué ha habido de específico y de relevante en esta interacción entre un método y una disciplina.

La contextualización resalta, en primer lugar, una confluencia temporal de procesos intelectuales, que evidencia algunos puntos centrales de diálogo: los primeros acercamientos metodológicos de la traductología a la sociología, marcadamente influidos por Bourdieu (Gouanvic 1994, Simeoni 1998), coinciden con un interés de la sociología crítica por la actividad traductora como objeto de estudio, atendiendo a su función en el intercambio transnacional de conocimientos (Bourdieu 1989, Casanova 1999) y a su relevancia dentro del sector editorial (Heinich 1984, Bourdieu 1999, Heilbron 1999). Al analizar esta aproximación se hace más visible esa zona de contacto que la propicia: del mismo modo que el cuestionamiento de los mecanismos sociales, fundamental para Bourdieu, reforzaba metodológicamente a una disciplina, como la Traducción, preocupada por la crítica del poder, la larga trayectoria de análisis de los intercambios culturales que implica la traducción complementaba las inquietudes de Bourdieu, quien dedicó su última época investigadora a la crítica del neoliberalismo y la globalización.

Si bien esta preocupación compartida por los mecanismos del poder y las estructuras de intercambio transnacional proporcionó un primer terreno de acercamiento entre Bourdieu y los Estudios de Traducción, también han de señalarse otras razones de índole metodológica más profunda. Sin llegar a superponerse o a imbricarse, las premisas de la sociología de Bourdieu concordaban con diversas preocupaciones recurrentes en el ámbito de la traducción y, de manera especial, con la Teoría del Polisistema y los Estudios Descriptivos, que tanta influencia tuvieron en su consolidación como disciplina autónoma. Aunque, como han apuntado diversos investigadores (Geldof 1997, Sheffy 1997, Codde 2003), conviene evitar asimilaciones precipitadas entre estas corrientes y la sociología de Bourdieu, las afinidades entre ambos marcos de trabajo son relevantes en algunos puntos de importancia epistemológica, como el planteamiento estructural, las jerarquías y relaciones de dominio, el énfasis en los contextos de recepción y los procesos de regulación del comportamiento.

Como ya se ha precisado, el trabajo de Bourdieu se aparta de análisis esencialistas para enfocar la realidad social a partir de estructuras, es decir, conjuntos de posiciones que permiten una definición relacional (el «campo»), enfoque en el que coincide con la noción de «polisistema» (Even–Zohar 1978: 16-20). Este principio de trabajo compartido tiene su origen en las escuelas precursoras de ambos enfoques: el Polisistema parte de una reinterpretación del Formalismo ruso (Even–Zohar 1978: 10-15), corriente que influiría en el Estructuralismo francés, retomado críticamente por Bourdieu (1980: 62–70; 1992: 282–283). Esta postura divergente ante las tradiciones ya indica que no conviene sobrevalorar la semejanza estructural entre ambas teorías (Codde 2003: 107–108): el concepto de «campo» se plantea a partir de una tendencia a la autonomía, mientras que el «sistema» participa de la heteronomía; asimismo, las relaciones entre las posiciones que forman un campo se analizan como objetivas, a diferencia de las relaciones sistémicas, que se definen como hipotéticas. Esta última discrepancia no alude tanto a una oposición entre modelos, sino entre planteamientos: las relaciones entre posiciones de un campo son objetivas porque sólo pueden construirse a partir de características objetivables que hayan sido aisladas en el trabajo empírico; las relaciones sistémicas, por el contrario, son hipotéticas porque se plantean para ser confrontadas posteriormente con los resultados. Se trata, por tanto, de una diferencia metodológica: un enfoque inductivo («campo», bottom–up) frente a uno deductivo («sistema», top–down); es decir, la construcción del modelo a partir de la observación (Bourdieu) o la puesta a prueba del modelo construido previamente (Polisistema y EDTs).

En segundo lugar, tanto la sociología de Bourdieu como el Polisistema conciben sus ámbitos de estudio a partir de una jerarquía o estratificación: las prácticas y objetos de cada campo/sistema se distribuyen en su interior de acuerdo con una escala de valores determinados por concepciones sociales, si bien en este punto el Polisistema tiende a acordar mayor importancia a factores externos que la sociología de Bourdieu. Sus análisis, por tanto, se desarrollan a partir de oposiciones – centro/periferia, primario/secundario (Polisistema), legítimo/no legítimo, dominante/dominado (Bourdieu)– que son, al mismo tiempo, cuestionadas, pues ambos enfoques rechazan la jerarquía social como criterio de selección de los objetos de estudio[8]. Asimismo, «campo» y «sistema» se

---

8   «[L]a hipótesis del polisistema implica un rechazo de los juicios de valor como criterios para una selección a priori de los objetos de estudio. Debe hacerse especial hincapié en este punto por los estudios literarios, donde la confusión entre crítica e investigación aún existe. Si se acepta la hipótesis del polisistema, debe aceptarse también que el estudio histórico de los polisistemas no puede limitarse a las llamadas 'obras maestras' [...]»(Even–Zohar 1990: 13).
«Uno de los objetos más importantes de la sociología del conocimiento sería la jerarquía de los objetos de investigación: uno de los prejuicios por los que se ejercen las censuras sociales es justamente esta jerarquía de los objetos considerados dignos o indignos de ser estudiados» (Bourdieu 1984 [2002] : 196).

23

configuran, a partir de tales desigualdades, como espacios de confrontación entre los elementos centrales y los periféricos para preservar o transformar su situación; este enfrentamiento se define, sin embargo, a partir de dimensiones distintas, pues Bourdieu concede mayor atención a los agentes mientras el Polisistema tiende a un énfasis superior en los «modelos» (Codde 2003: 110–111).

En tercer lugar, el estudio de la actividad social en términos estructurales, es decir, en el interior de campos o sistemas jerarquizados, implica un distanciamiento respecto a la concepción tradicional de «valor» a través de un análisis de los efectos sociales de los productos culturales. Este enfoque común adopta, de nuevo, direcciones distintas: mientras que la sociología de Bourdieu, centrada en procesos nacionales, tiende a situarse en el campo de origen, el Polisistema, más proclive a problemas transnacionales, se focaliza en la cultura de acogida. Más allá de esta divergencia, ambos paradigmas coinciden en acentuar el modo en que los sujetos reaccionan ante cada actividad: dado que los productos cumplen una serie de funciones y que éstas se relacionan con la configuración de cada sociedad (clases, grupos, relaciones de poder) y con su posición en el conjunto de las sociedades (relaciones internacionales de desigualdad), el estudio de la recepción de los productos culturales permite analizar el «valor» como construcción social, condicionada por las divisiones internas de cada comunidad de usuarios y por los diversos usos que puedan recibir los productos.

Finalmente, uno de los ámbitos de estudio de la traducción más afines a la sociología es aquel que concierne al comportamiento: su desarrollo, la definición de los patrones socialmente «correctos» o su modificación a lo largo de la historia son aspectos de una problemática compartida por ambas disciplinas. En traductología, el concepto de «normas» – entendidas como restricciones, de forma e intensidad variable, impuestas al comportamiento traductor por su comunidad (Toury 1995: 53–69)– ha generado una bibliografía relevante y sujeta a debate (Toury 1980, 1995; Hermans 1991, 1996; Chesterman 1993, 1997: 64–70). Desde esta tradición, el concepto bourdieusiano de «habitus» –el conjunto de disposiciones adquiridas e interiorizadas por un sujeto en su trayectoria social– se ha considerado productivo y complementario al de «normas» (Even-Zohar 1997, Simeoni 1998, Sela–Sheffy 2005): las restricciones sociales («normas») causarían regularidades de comportamiento que los sujetos asimilarían como disposiciones duraderas en su «habitus». Esta integración de conceptos requiere, pese a todo, algunas precisiones que eviten una asimilación superficial. El habitus se forma a partir de la trayectoria de los sujetos y ello implica la existencia de diferentes «estratos» (disposiciones adquiridas por su extracción social, formación, profesión, lugar, época); las «normas» de traducción sólo supondrían, por tanto, *una parte* de las influencias que producen un «habitus». La diferenciación entre las distintas disposiciones se alcanza únicamente a través de la comparación y el aislamiento de las características: la observación de unos patrones de comportamiento en un grupo de sujetos sólo adquiere su sentido cuando, puestas en relación con múltiples variables externas, se categorizan las repeticiones y se evita el paso erróneo de la regularidad a la regla[9]. De ahí la pertinencia de un estudio de la traducción que implique una imbricación de categorías cuyo contraste permita matizar la relación entre las regularidades de comportamiento y las posibles causas/normas. La distinción entre las diversas causas de las regularidades complementaría la labor de delimitación desarrollada hasta el momento, centrada casi de manera exclusiva en la gradación de intensidad de las constricciones. Del conjunto de propuestas existentes, la distinción entre normas «preliminares» y «operativas» (Toury) y, sobre todo, la oposición entre «normas de usuarios» («expectativas») y «normas profesionales» (Chesterman 1997: 64–70) serían aquellas que afrontasen de modo más preciso la cuestión de la causalidad.

No es difícil comprender, en suma, que la centralidad de estos postulados comunes haya fomentado una asimilación apasionada –aunque, en ocasiones, superficial– de la obra de Bourdieu en los estudios de traducción, que permite desarrollar áreas de trabajo compartidas donde ambas áreas de estudio se vean beneficiadas: en un plano transnacional, el concepto de «centro» y «periferia» del Polisistema (Even–Zohar 1978: 21-28, 53-58) permite aplicar el estudio sociológico de las relaciones de dominación en una escala que el propio Bourdieu no llegó apenas a delimitar, pero que ha sido considerada en detalle por algunos de sus colaboradores (Gisèle Sapiro, Pascale Casanova, Johan Heilbron); en el

---

9   «[L]as dos formas más comunes de deslizarse del modelo de la realidad a la realidad del modelo [son] pasar de la *regularidad* (aquello que se produce con una cierta frecuencia mesurable de modo estadístico y la fórmula que permite darle explicación) a la *reglamentación* editada y respetada de manera consciente, o a la *regulación* inconsciente de una mecánica cerebral o social» (Bourdieu 1980: 67).

ámbito nacional, la noción de «campo», como la de «sistema», ayuda a reintegrar las prácticas culturales en el contexto social, estudiando las condiciones de producción y recepción (configuración, posiciones, valores, relaciones de poder) que corresponden a las distintas variables temporales y geográficas; en el nivel interpersonal, la interacción entre «normas» y «habitus» permite un estudio más preciso de la tarea traductora y de las reacciones que suscita, al observar cómo los patrones de comportamiento se forman a partir de limitaciones externas (costumbres, prohibiciones, expectativas) y de estructuras colectivas (divisiones sociales, educación, profesión, trayectoria).

Estas interacciones –cautas para evitar las asimilaciones superficiales, pero de gran potencial crítico– ofrecen una base decisiva para el ámbito de la literatura internacional y de la traducción literaria, al delimitar las dependencias entre el mercado transnacional –los flujos internacionales de traducción y las diversas estructuras nacionales jerarquizadas–, el campo receptor –en sus particularidades históricas, estéticas, institucionales– y los agentes implicados en estos procesos (disposiciones, trayectoria, capital acumulado, estrategias)[10]. De estos procesos, de estas condiciones y de las distintas formas de afrontarlas crítica y sociológicamente se tratará en los siguientes capítulos.

---

10 En Fernández 2011c se puede consultar una bibliografía detallada de los estudios que, integrando en mayor o menor medida los elementos de los distintos enfoques, han empezado a tratar estas problemáticas internacionales y nacionales.

2. ¿Existe la literatura «universal»?

Elegí ser el poeta de Troya, porque Troya no ha relatado su historia. Y a día de hoy nosotros tampoco hemos relatado la nuestra. Pese a la acumulación de nuestras obras. Eso quería decir cuando escribí: *Quien escriba su historia heredará la Tierra del Relato.*

(Darwix 1997: 30)

Uno de los modos mayores para legitimar la desigualdad se basa en el establecimiento de una relación ficticia o distorsionada con el «conocimiento»: una *diferencia* social se transforma, a partir de una supuesta teoría científica o cultural, en un *defecto.* La vida social abunda en ejemplos de esta violencia latente, oculta en la mayoría de ocasiones: los hablantes de ciertas variedades dialectales son considerados «menos inteligentes» o «menos cultos» que los hablantes del estándar; existen estudios, trabajos o incluso comportamientos «apropiados» o «inapropiados» para un hombre o una mujer; ciertos grupos étnicos o sociales son «más propensos» al robo, a la violencia o al engaño; sólo la falta de «esfuerzo» o de «capacidad» puede explicar que alguien se quede fuera del sistema educativo, social o laboral... Aquello que constituye una *relación de fuerzas*, una desigualdad de poder –y, por tanto, de oportunidades y de expectativas– entre grupos sociales se transforma en una *relación de sentido*: la actitud, la cualidad, el gesto del dominado no se valora por sí mismo, sino por comparación con los del dominante.

Una variante especialmente poderosa de esta forma de violencia simbólica consiste en presentar como «universal» aquello que tan sólo constituye un elemento de lo particular. Este recurso se revela especialmente peligroso en el terreno político, pero también en el cultural, donde la apelación a un supuesto «bien común» de la humanidad –esa supuesta humanidad de trazos comunes– tiende a enmascarar el elogio y la imposición de una interpretación particular, de un relato que oscurece o ilumina las zonas de su discurso. De ahí la pertinencia de esa pregunta, de apariencia tal vez retórica, que da título a este capítulo: ¿existe la literatura «universal»? Y en caso de que exista, ¿qué es o qué puede ser?

Aunque la duda en torno a lo que pueda haber de «universal» en la «literatura universal» tiene poco de novedosa, la utilidad práctica del concepto sigue presente y perfectamente normalizada en el lenguaje e incluso en la estructura administrativa: el actual bachillerato español, por ejemplo, contiene desde hace décadas una asignatura de tal nombre, sin que esa ambigüedad fundamental parezca plantear dificultades. Conviene, por tanto, plantearse una lectura *genética* del concepto y regresar a sus fuentes para comprender sus particularidades.

Es importante notar que el propio Goethe, que acuñó el influyente concepto inicial de *Weltliteratur*, no dejó de reformular su planteamiento, desde la fascinación inicial hasta el rechazo de sus últimos años (Birus 1995, Landrin 2009). En un sugerente giro intelectual, que va derivando del liberalismo de Adam Smith hasta un distanciamiento elitista, Goethe consideró la difusión literaria internacional por analogía con el desarrollo de las comunicaciones y el tráfico de mercancías: en sus primeras reflexiones compara el «intercambio espiritual» con el «beneficio y deleite» que proporciona el comercio y define al traductor como el «intermediario» en el mercado «donde todas las naciones ofertan sus bienes»; en sus últimos años, sin embargo, se manifiesta contrario al desarrollo tecnológico, al denunciar que las facilidades de comunicación arrojarían «el mundo cultivado a la mediocridad».

Recurriendo por igual a su intuición y a sus prejuicios sociales, Goethe observó una característica de los intercambios culturales que aún hoy se ignora u omite con frecuencia: no hay comunicación sin ejercicio de poder y, por tanto, no hay distribución sin desigualdad. Tan perceptible, tan radical es la relación entre cultura y economía, que la duda de Goethe volvería a hacerse presente en uno de los textos centrales de la política moderna, *El Manifiesto comunista*:

A través de la explotación del mercado mundial [*Weltmarkt*], la burguesía ha dado una forma cosmopolita a la producción y el consumo de todos los países. [...] En lugar de las antiguas necesidades, satisfechas por los recursos nacionales, surgen otras nuevas, que exigen para su satisfacción los productos de los países y climas más lejanos. En lugar de la antigua autosuficiencia y cerrazón local o nacional surge un intercambio absoluto, una dependencia recíproca de las naciones. Y como en la producción material, así en la espiritual. Los recursos espirituales de cada nación se transforman en bien común. El aislamiento y el provincialismo se hacen cada vez más difíciles, y de las muchas literaturas nacionales y locales surge una literatura mundial [*Weltliteratur*].

(Marx & Engels 1848 [1972]: 466)

En la medida en que la voluntad de las clases dominantes se constituye en el principio generativo de los procesos de transformación, sean estos económicos o culturales, lo «universal» o «mundial» solo puede ser el producto de una evolución sujeta a oposiciones de intereses específicos, del mismo modo que el desarrollo de las comunicaciones se relaciona con la transformación de las entidades políticas: el avance tecnológico comunica a los pueblos, pero instaura nuevas relaciones de poder entre ellos; posibilita una *Weltliteratur*, pero la somete a sus intereses de producción y distribución. La ambivalencia será, por tanto, la marca de lo «universal», ya que la posibilidad del intercambio se constituye al mismo tiempo en su limitación[11].

Sólo teniendo estas precauciones políticas en mente se puede regresar a la pregunta original. Y la respuesta, desde un planteamiento sociológico, no implica un cambio de contenido, sino un cambio de perspectiva: la literatura «universal» no constituye un objeto, sino una *problemática* (Moretti 2000: 55); antes que un conjunto de obras, se trata de estudiar una configuración, un conjunto de relaciones (Berman 1984: 90). En este capítulo se planteará, en consecuencia, por qué la literatura «universal» no puede entenderse como un mero listado o panteón de obras, sino como el producto de dos mecanismos de poder que «fabrican» lo universal (Casanova 1999: 179–226): las estructuras de distribución (mercado, capitales culturales) y las de recepción (campo, crítica, autores).

---

11 Hay, sin embargo, una debilidad en el argumento de Marx y Engels: su análisis horizontal –centrado en la «burguesía» como clase uniforme, sin considerar los enfrentamientos que corresponden a las divisiones nacionales– hace entrar en escena, erróneamente, la «reciprocidad» como característica de las relaciones culturales entre países. De este modo, pierden de vista un punto central de la problemática: la internacionalización no sólo es un proceso basado en la clase social, sino también en la desigualdad espacial.

La distribución y la estructura mundial de intercambios

Cuando bien comigo pienso mui esclarecida Reina: i pongo delante los ojos el anti-
güedad de todas las cosas: que para nuestra recordación e memoria quedaron es-
criptas: una cosa hallo y saco por conclusión mui cierta: que siempre la lengua fue
compañera del imperio: y de tal manera lo siguió: que junta mente començaron.
crecieron. y florecieron. y después junta fue la caida de entrambos.

(Nebrija 1492 [1992]: ii)

En tanto que fenómeno social, una característica principal de la literatura
es su relación ambigua con el estado. Los procesos de constitución nacional han sido mayoritariamente culturales, en la medida en que se fun-
damentaron en torno a una lengua, una literatura y un sistema educativo:
en buena medida, las naciones son «artefactos culturales» (Anderson
1983). De ahí que, en Europa, exista un vínculo doble entre lengua, literatura y nación: a partir de la Edad Moderna, los textos literarios permiten un *reconocimiento nacional*, ya que cohesionan a grupos diversos en
torno a una lengua, y al mismo tiempo *son reconocidos como nacionales*, puesto que la entidad social los asume en tanto que patrimonio y
fundamento de soberanía (Agamben 1996: 25–26; Casanova 1999: 56).
Al mismo tiempo, los procesos de construcción son también relacionales,
puesto que cada proceso nacional fue asimismo internacional: cada entidad se va definiendo en diálogo o por oposición a las otras, a través de
distintas formas de rechazo, de negación y de búsqueda de equilibrio
(Thiesse 1999, Foucault 2004a). En esta construcción tuvo especial importancia la producción de una imagen exterior, en especial mediante el
intercambio de traducciones (Espagne & Werner 1994, Casanova 1999)
y la institución de sistemas regulados de promoción y representación,
como la diplomacia (Foucault 2004a: 306–314) o los institutos y centros
culturales (Charle 2000).

Este vínculo entre internacionalización de la cultura y construcción
nacional no puede disociarse, sin embargo, de una condición invariable
de los intercambios: la desigualdad de recursos y las condiciones de dominación que las mantienen. Allí donde se produce el intercambio, se
hace presente el poder y, en consecuencia, la desigualdad; no hay definición social sin competición o enfrentamiento. Esta constante histórica ha

alcanzado su máximo desarrollo en el proceso de globalización, que ha convertido las sociedades en un «sistema–mundo» (Wallerstein 1979), unificado mediante el modelo de producción capitalista y, al mismo tiempo, dividido en torno a un «centro» y a una «periferia» según el reparto desigual de los recursos y de los instrumentos. Al analizar la globalización cultural, se observa que esta estructura de desigualdad muestra se manifiesta en una segunda carácterística: la «concentración policéntrica» (Heilbron 2001: 146), es decir, el proceso de centralización en torno a un número reducido de lugares políticos o simbólicos (Casanova 1999; Charle 2002), que varían de acuerdo con cada forma cultural sin coincidir necesariamente entre sí. De este modo, los lugares que «capitalizan» el espacio internacional no son los mismos, por ejemplo, para el cine (Cannes, Berlín, Sundance, Locarno), para la literatura (Frankfurt, Londres, Turín, Estocolmo) o para las artes plásticas (Nueva York, Basilea, Kassel). La consecuencia de este proceso es que, por analogía con el sistema general de intercambios comerciales, la posición de un territorio en el sistema se define por la consideración internacional de los productos nacionales (Heilbron 2001: 147); al mismo tiempo, la importancia de un estado –o de una comunidad– en el sistema de intercambios culturales se halla ligada, en mayor o menor medida, a su importancia en el conjunto de intercambios comerciales, aunque sin perder por completo su carácter autónomo (Heilbron 2001: 148).

Este conjunto de relaciones de poder se observa también entre las lenguas (De Swaan 1991, 1993), cuyo sistema–mundo se configura de acuerdo con dos dimensiones: la disposición de las lenguas en una estructura jerárquica (según su valor comercial–comunicativo) y la expansión de éstas en el espacio nacional–transnacional (según su extensión geográfica y poblacional). A partir de estas variables, el sistema puede considerarse organizado igualmente según la oposición centro/periferia, conforme a los distintos tipos de capital (cultural, político, económico) asociados a cada lengua. Esta configuración política de los idiomas influye con claridad en el ámbito de la traducción, principal instrumento de mediación entre lenguas, y de manera especial en la traducción de libros: así como el comercio internacional de mercancías se produce de manera desigual entre los países centrales y los periféricos, el flujo comercial de traducciones posee su propio desequilibrio geográfico[12]. Para analizar este comercio se ha propuesto estudiar la traducción de libros como un sistema mundial de traducciones (Heilbron 1999, 2000; Heilbron & Sapiro 2008), que cabe delimitar en cuatro puntos principales:

- El sistema posee una estructura jerárquica de lenguas centrales, semi–periféricas y periféricas, cuya situación no depende tanto de su número de hablantes y de su producción como de su importancia en los intercambios (causas políticas, comerciales, culturales.).
- La estructura no es estática, sino dinámica, ya que la importancia de las distintas lenguas puede variar de una a otra época (como ocurre con la progresiva pérdida de importancia del francés o la regresión del ruso tras la caída de la URSS).
- La centralidad de una lengua privilegia los intercambios por dos factores: en primer lugar, cuanto más central sea una lengua, más se traducirá de ella (extraducción) y menos hacia ella (intraducción); en segundo lugar, la comunicación entre lenguas periféricas depende en cierta medida de aquello que se traduce a las lenguas centrales, que ejercen así una función de mediación (las obras pueden ser retraducidas a partir de su edición en una lengua central) y de legitimación (las obras son conocidas en terceros países gracias al interés suscitado por su traducción a una lengua central).
- La organización social del mercado es fundamental para comprender la función de las traducciones en la sociedad de recepción; así, de acuerdo con cada estructura, hay sectores donde las traducciones no se requieren y son, por tanto, minoritarias, frente a otros géneros – como suele ocurrir con la narrativa de consumo– donde llegan a ser predominantes.

La estructura de este sistema ofrece claves importantes para el estudio de las traducciones como parte de los intercambios culturales. Entre 1980 y 2000, la edición mundial de traducciones aumentó más de un 50% (Sapiro 2009: 264), aunque esta intensificación del volumen de intercambios no ha supuesto un aumento de su diversidad, sino una concentración cada vez mayor en torno al inglés, que supone el 60% de las traducciones publicadas en el mundo; en la medida en que la concentración difi-

---

12 Intentando reflejar la terminología económica, se ha designado este flujo de intercambios mediante los neologismos «intraducción» y «extraducción» (Ganne & Minon 1992: 58).

culta la diversidad, este hecho remite a una de las características de la globalización (económica y cultural): la paradoja de «un mundo en expansión que se reduce» (Sorá 2009: 93). La segunda clave, asociada con ésta, estriba en la fuerte asimetría de la configuración de las relaciones espaciales (Sapiro 2009: 282), es decir, la gran diferencia de intercambio entre los países periféricos y aquellos situados en posiciones más centrales. A principios de la década de 1990 (Ganne & Minon 1992), los países europeos con lenguas periféricas (Turquía, Grecia, Rumanía, Países Bajos, Bulgaria, Suecia, etc.) importaban traducciones sin apenas exportarlas, mientras esta tendencia se invertía a medida que la centralidad del país aumentaba. Italia y España se situaban en una situación intermedia: por cada cuatro libros traducidos en España, se traducía un libro español en el extranjero; en el caso de Italia, dos por cada cuatro. En la situación central, Francia y Alemania se acercaban a una posición de equilibrio en su balanza de traducciones, ya que exportaban casi tanto como importaban; por su parte, el Reino Unido, como país de lengua «hipercentral», llegaba a exportar cuatro veces más de lo que importaba. En esta línea, un estudio reciente sobre la traducción en Francia (Sapiro 2010) mostraba con mayor detalle la fuerte jerarquía de los intercambios: mientras que la gran mayoría de obras traducidas al francés provenían de Norteamérica (en especial de EEUU) y de Europa del Norte (Gran Bretaña), la mayoría de las obras francesas traducidas en el extranjero se editaron en Asia, Europa del Sur y del Este. La posición en la jerarquía del sistema condiciona, por así decirlo, en qué áreas puede ejercer su privilegio cultural una lengua.

Un último factor de este sistema mundial es la direccionalidad, ya que, según su sentido, los intercambios poseen valores económicos y simbólicos diferentes (Casanova 1992: 198–203): las traducciones hechas desde las lenguas más centrales a las periféricas constituyen un factor de expansión, pues reafirman su posición internacional y aumentan la difusión de sus modelos culturales; en cambio, el flujo desde las periféricas hacia las centrales constituye una forma de legitimación internacional, asociada con frecuencia a la promoción de su imagen colectiva en tanto que país o nación (Woodsworth 1996). La importancia de estos flujos de difusión se refleja en el número creciente de programas institucionales de ayuda a la exportación de traducciones a través de organismos como el Goethe Institut alemán, el Centre National du Livre francés, el Ministerio de Cultura español, la fundación estatal suiza Pro

Helvetia o el Institut Ramon Llull. De manera significativa, estos subsidios están ausentes en los países que dominan el mercado –EEUU y Reino Unido–, pero existen en países anglófonos de menor peso dentro de la estructura, como Irlanda (Ireland Literature Exchange) y Australia (desde el Australia Council for the Arts).

El sistema mundial de intercambios no sólo influye en las relaciones culturales, sino también en la configuración editorial (Sapiro 2009: 250), según tendencias de concentración y dispersión que afectan tanto a la producción (fusiones en torno a grandes grupos editoriales frente a proliferación de pequeños editores) como a la difusión (pocas obras de venta masiva con grandes tiradas frente numerosas obras de venta restringida con pequeña tirada). En este contexto, la traducción se convierte en una herramienta de funciones opuestas (Bourdieu 1992, 1999: 23–26): por un lado, en el denominado «polo de gran producción», formado por grandes conglomerados, se privilegia la importación de obras anglófonas, se busca la maximización del rendimiento comercial y la gestión tiende a depender de agentes y ojeadores[13]; en cambio, en el llamado «polo de producción restringida», constituido por empresas de menor tamaño que buscan el rendimiento simbólico a largo plazo, se diversifican las lenguas de origen, incluyendo también a las periféricas, se acentúa el componente «artístico» de las obras y la variedad de géneros literarios y lo cual los editores se apoyan en su criterio personal o en la asesoría de especialistas (traductores, críticos, escritores).

A partir de esta estructura mundial de la edición y la traducción, se deduce que la noción idealista de una «literatura mundial» puede sustituirse por el estudio de un «sistema mundial de la literatura» (Casanova 1999, Moretti 2000), estructurado también en torno a un centro y una periferia cuyas relaciones de comunicación están, en mayor o menor medida, condicionadas por sus relaciones de fuerza. Esta estructura de desigualdad en la capacidad de difusión acaba produciendo distintos tipos de violencia simbólica, es decir, distintos argumentos de justificación de la desigualdad y de la dominación: por un lado, una visión eco-

---

13 Las ventas de derechos de best–sellers en las grandes ferias del libro, por ejemplo, tienden a realizarse a partir de sinopsis, ya que la velocidad y la cantidad de las transacciones no permite *leer* las obras; en muchas ocasiones, los ojeadores adquieren los derechos sobre libros que aún no han terminado de escribirse (Vila–Sanjuán 2007: 22).

nomicista de la literatura, que equipara desarrollo técnico y desarrollo cultural (Paz 1967: 21–22; Jameson 1987); por otro, un modo de pensamiento historicista y centralista (Castelnuovo & Ginzburg 1981: 58–64; Meizoz 1996), que lleva a juzgar la producción de la periferia a partir de los modelos originados en el centro. A largo plazo, la consecuencia de esta estructura de dominación simbólica tiende ser la misma que en la dominación económica: el desplazamiento de los productores periféricos hacia el centro, ya sea de modo físico (traslado de los escritores hacia las capitales literarias) o simbólico (adopción de una lengua mayoritaria en detrimento de la regional o nacional). En consecuencia, las relaciones entre literaturas –mediante la importación directa o indirecta de modelos literarios– tienden a ser asimétricas, condicionadas por el prestigio o dominio de la literatura de origen y por las posibilidades desiguales de difusión (Even–Zohar 1978: 53-58).

Esta asimetría, sin embargo, sólo explica una parte del proceso literario, ya que los préstamos pueden aportar nuevas posibilidades a la literatura de destino (Fayen 1995, Prasad 1999) o bien ser causa de limitación por la disonancia entre las formas importadas y las condiciones locales (Schwarz 1977, Mukherjee 1985, Miyoshi 1991, Moretti 2000). La comprensión de los intercambios y, sobre todo, de sus causas y consecuencias requiere, por tanto, de un segundo eje de lectura que complemente al sistema internacional de traducciones: la forma en que cada campo literario nacional reinterpreta los materiales importados de acuerdo con sus confrontaciones internas.

El campo de recepción

La literatura socialista y comunista de Francia, que surge bajo la opresión de una burguesía dominante y que constituye la expresión literaria de la lucha contra esa dominación, fue introducida en Alemania en la época en que la burguesía comenzaba su lucha contra el absolutismo feudal.

Los filósofos, pseudofilósofos y estetas alemanes usurparon ansiosos esta literatura, olvidando tan sólo que, durante el traslado de aquellos escritos desde Francia, no se trasladaron también a Alemania las condiciones sociales francesas. Enmarcada en las condiciones alemanas, la literatura francesa perdió todo su sentido práctico y adoptó una simple apariencia literaria.

(Marx & Engels 1848 [1972]: 485–486)

La sociología del arte implica el paso de un enfoque esencial –el artista produce el «valor» de la obra– a uno relacional: artista y obra se insertan en una estructura de relaciones (campo) que produce tanto el «valor» como las propias nociones de «artista» y de «obra». La función de un producto artístico no depende de sus cualidades particulares –según propondría un discurso teleológico: en la obra ya están inscritos sus usos–, sino de la relación entre éstas y el marco institucional en que se halla el producto (Bürger 1974 [1987]: 76–77). En consecuencia, para la comprensión de una obra es necesario fundamentar social e históricamente los modos de recepción.

Desde esta premisa se comprende la importancia que tiene el campo de recepción en el estudio de la literatura «universal». Si bien las traducciones constituyen un factor de consagración para cualquier escritor o pensador (Lefevere 1992; Casanova 1999), el traslado de las obras no conlleva el traslado de sus condiciones sociales, como ya señalaban Marx y Engels: los textos «circulan sin su contexto» (Bourdieu 1989) y se vuelven susceptibles de múltiples reinterpretaciones, influidas por la estructura del campo receptor. La percepción de este hecho constituye uno de los argumentos fundamentales para el estudio contemporáneo de la literatura y de la traducción: la función y forma de los textos importados están condicionadas por la estructura de la cultura y del campo de acogida.

La recepción sociológica del texto traducido no puede, por tanto, reducirse ni a un listado positivista de referencias o publicaciones –aunque su existencia pueda servir como indicador de una problemática– ni al análisis del posible diálogo entre texto y lector. El emplazamiento del texto traducido en la estructura del nuevo campo conlleva su apropiación por parte de los receptores, que aplican a la obra los esquemas de percepción y las problemáticas del campo a lo largo de un proceso que puede estructurarse en torno a tres operaciones sociales de importación:
–   selección: qué obras se traducen, quién las traduce, quién las publica.

- producción: características textuales y contextuales aportadas a la obra por los importadores (editorial, traductor, prologuista).
- recepción: respuestas y usos dados a las traducciones por los receptores (análisis, crítica, interpretación.).

Insertadas en las nuevas condiciones sociales, los textos importados no sólo se transforman, sino que tienden a ser reveladores de la configuración del campo receptor. De ahí la necesidad de considerarlos en su relación con las categorías que estructuran cada campo –historia, distribución de poder («capital»), las oposiciones ideológicas y/o estéticas (Lefevere 1992)–, ya que los textos traducidos suelen ser objeto de usos estratégicos a partir de los debates y confrontaciones ya existentes (Bourdieu 1989).

Las razones y las consecuencias de la reapropiación de las traducciones en un campo receptor presentan características específicas, aunque tienden a reunirse en torno a ciertas problemáticas centrales. Por una parte, se hallan, de manera evidente, las diferencias de configuración de los diferentes campos o disciplinas: por ejemplo, la temprana construcción nacional de Francia lleva aparejada, durante los siglos XVIII y XIX, la producción de una forma de historiografía literaria de pretensión universalista (lo francés como «medida de lo universal»); por el contrario, la formación estatal de Alemania, más tardía, conduce a un tipo de historiografía pedagógica, destinada a educar a los lectores en el interés por su tradición nacional (Werner 1994). Las diferencias entre los sistemas también pueden manifestarse por el tipo de estrategias o de modelos dominantes en cada uno de ellos: la recepción francesa de Shakespeare durante el siglo XVIII estuvo condicionada por el modo de traducción prevalente en el campo, que se asociaba con las versiones hechas de autores grecolatinos (Lambert 1993); de modo análogo, los traductores de obras vanguardistas en España durante la década de 1920 y 1930 neutralizaban las particularidades de los originales, pues adaptaban los textos de acuerdo a la estética modernista dominante (Gallego Roca 1996).

Por otra parte, la recepción puede estar condicionada por la configuración de las posiciones del campo, es decir, por la distribución desigual de los recursos. En este caso, el autor o las obras traducidas constituyen un modo de adquisición de capital, un instrumento de generación de prestigio por parte de sus importadores: las diferentes reapropiaciones de Friedrich Nietzsche en el campo filosófico (Pinto 1995) o la utilización de los narradores estadounidenses en el campo literario francés (Gouanvic 2007) son ejemplos de estos procesos durante el siglo XX.

Finalmente, la recepción puede revelar el modo en que el campo literario refracta las cuestiones políticas e ideológicas, sobre todo en periodos de gobiernos totalitarios: así ocurrió, por ejemplo, con la obra de Albert Camus durante el franquismo, reinterpretada por la crítica literaria de modo que encajase en los esquemas morales de la época (Cruces Colado 1998), o con las traducciones soviéticas de Heinrich Böll, cuyo estilo literario, alabado por la crítica en un principio, pasó a ser considerado excesivamente interiorista y poco social a medida que el autor se fue distanciando del programa político de la URSS (Bruhn & Glade 1980).

En este proceso de interpretación de la obra extranjera adquiere especial importancia el aparato crítico y teórico, puesto que la producción de un discurso en torno a la obra es una de las condiciones de su existencia institucional y de su valoración. El discurso crítico resulta notablemente revelador de las confrontaciones existentes en el campo, ya que toda evaluación de una obra implica la afirmación de una autoridad intelectual que permite evaluarla. Para comprender, por tanto, el proceso de recepción es necesario establecer por qué el campo reconoce mayor legitimidad a los posicionamientos de unos agentes que a los de otros.

Lo «universal», entre difusión y recepción

Frente a la creencia humanística en una «literatura universal» surgida de manera estrictamente literaria, es decir, a partir de criterios internos y autónomos, la sociología crítica plantea la necesidad de estudiar lo «universal» a partir de la desigualdad entre grupos, entidades e individuos y, por tanto, como un proceso condicionado, al mismo tiempo, por la dimensión transnacional (difusión) y la nacional (recepción).

De una parte, ha de pensarse este proceso en analogía con la configuración política y económica contemporánea: de la misma forma que existe un «sistema–mundo», estructurado en torno a un centro y una periferia, existe un sistema mundial de lenguas y de traducciones, organizado de modo jerárquico, dentro del cual los textos escritos en lenguas centrales pueden difundirse con una facilidad muy superior a aquellos de las periféricas. De esta forma, cualquier concepto de «universalidad» estará condicionado por la centralidad lingüística, que, en este caso, se superpone en buena medida con una determinada imagen occidental. Un análisis, por ejemplo, de la historia del Premio Nobel de Literatura revela una clara impronta estructural que subyace a las consideraciones propiamente «literarias»: la mayor o menor centralidad de las lenguas se manifiesta en la proporción de galardonados, ya que, de los 109 premios concedidos hasta 2013, los escritores anglófonos suman 26 (23,85% del total), por 14 de los francófonos (12,84%), 13 de los germanoparlantes (11,92%) y 11 de los hispanoparlantes (10,09%). Más aun, si se considera el periodo posterior a la caída del Muro de Berlín, durante el cual se ha producido el mayor desarrollo histórico del mercado de la traducción, se percibe que la «hipercentralidad» del inglés se acompaña de un mayor peso en el Nobel: entre los 23 premios concedidos desde 1991, nueve –casi el 40%– correspondieron a autores anglófonos. Inversa es la trayectoria de la lengua rusa: tan central durante la existencia de la URSS (cinco premios) como irrelevante antes y después. Otras lenguas como el portugués o el árabe –con peso demográfico e historia cultural relevante, pero con una posición periférica en el sistema de traducciones– cuentan con un solo autor galardonado, como fue el caso del chino hasta 2012. Sin por ello asumir de manera mecánica la idea de unos premios repartidos según un criterio exclusivamente geopolítico, resulta factible observar cómo la estructura de intercambios facilita o dificulta la consagración literaria. Al mismo tiempo, la implicación de los estados en la promoción de las traducciones como forma desplazada de diplomacia o de «soft-power» (Von Flotow 2007) demuestra una clara percepción institucional de la influencia que los intercambios tienen en el reconocimiento de una literatura: aunque las políticas de apoyo a la edición y a la traducción no siempre tienen un efecto inmediato (Sapiro 2012), literaturas de reducida importancia poblacional, como las nórdicas (Silió 2008), han aumentado su presencia en los mercados extranjeros a partir de programas de este tipo.

Por otra parte, importa notar que los textos distribuidos por los canales de edición y traducción no son interpretados ni empleados de modo uniforme, ya que cada campo literario posee su propia configuración histórica, condicionada por una distribución distinta del capital literario y por un tipo de retos que le son particulares. En consecuencia, las relaciones internacionales de fuerza son moduladas a través de los mecanismos de cada espacio nacional. Así, por ejemplo, aunque el mercado editorial español manifiesta en su importación de traducciones un condicionamiento importante respecto a la jerarquía de las distintas lenguas dentro del sistema mundial, el peso que poseen y la atención que reciben estas obras en el espacio de la prensa y de la crítica literaria no es uniforme (Fernández 2011b: 114–139): mientras las publicaciones culturales con una mayor orientación periodística tienden a reproducir en su selección de libros las tendencias del mercado (mayor presencia del inglés y de las lenguas centrales), los suplementos literarios más especializados muestran una diversidad superior de lenguas y mayor atención a aquellas menos centrales. Cada campo literario ejerce, de esta forma, una compleja refracción: al reinterpretar los materiales importados a partir de sus diferentes confrontaciones, el campo nacional transforma el contexto de las obras y se apropia de ellas, reduciendo sus particularidades de producción; al mismo tiempo, este proceso de apropiación supone la manifestación de la autonomía (relativa) de cada campo y una reacción ante la uniformidad que, por sí misma, produciría una distribución transnacional basada tan sólo en el sistema mundial de fuerzas. En consecuencia, al trasladar una obra o proyecto de un campo nacional a otro, no sólo se alteren sus funciones, sino que se le asignan otras nuevas a la vez que pueden desaparecer precisamente aquellas que motivaban su importación[14].

Con independencia del significado social que se quiera otorgar a la noción de «valor», los usos de las obras importadas –sean traducidas u originales– tienden a estar condicionados por la configuración previa de cada campo; por lo tanto, el estudio de su hipotético «valor» se revela, desde el punto de vista sociológico, menos pertinente que la *función* que

---

[14] Así ocurre, por ejemplo, con el progresivo aumento internacional de las «editoriales cartoneras», que utilizan el cartón y otros materiales reciclados para producir sus libros. Tras la crisis económica de 2001 en Argentina, la editorial Eloísa Cartonera, pionera del sistema, surgió como respuesta a los altos precios del papel y en apoyo de los «cartoneros», las personas que trabajan en el sector informal de la recogida de cartón; la reproducción del modelo por otras editoriales en países y en situaciones económicas muy alejadas ha conllevado, en numerosos casos, la pérdida del componente político del proyecto y su reducción al ámbito del reciclaje artístico o decorativo.

la obra pueda adquirir dentro del campo. Como se analizará en capítulos posteriores, la desigualdad de recursos, las distintas trayectorias y relaciones personales, el proceso educativo–formativo (reflejado en las disposiciones del habitus) y las propias estructuras del campo revelan, en suma, que las interpretaciones producidas por los agentes no sólo difieren de contenido (cada agente acentúa unos aspectos en detrimento de otros), sino también de intención (informar, criticar, defender) y de legitimidad interna (dominantes frente a dominados).

En último grado, cabría plantear el conflicto entre distribución y recepción que constituye la problemática de la literatura «universal» como parte de una disyuntiva central para la sociedad contemporánea: a la vez que la globalización reduce las fronteras económicas y comerciales, conectando los mercados nacionales hasta volverlos interdependientes, se produce un movimiento de reafirmación de las identidades grupales y nacionales, que reivindican sus particularismos frente a las restricciones planteadas. El proceso de uniformidad cultural no se construye sin resistencia, ya que incluso la propagación de materiales idénticos acaba generando interpretaciones divergentes.

3. Crear al creador: el campo literario

Hay ciertas creencias japonesas antiguas sobre la eficacia mágica de cierta operación mental, sugerida, aunque no descrita, por el verbo *nazoraeru*. La palabra en sí no posee una traducción adecuada, pues se emplea para referirse a distintos tipos de magia mimética, así como a la ejecución de numerosas acciones de fe religiosa. Los significados comunes de *nazoraeru*, según los diccionarios, son «imitar», «comparar», «enlazar»; pero su sentido esotérico es «sustituir en la imaginación un objeto o una acción por otro, de forma que se obtenga un resultado mágico o milagroso».

Por ejemplo: quizá no pueda permitirme construir un templo budista, pero sí puedo depositar un guijarro ante la imagen de Buda con el mismo sentimiento de piedad que exigiría la construcción del templo si fuera lo bastante rico para hacerlo. El mérito de ofrecer así ese guijarro se considera igual, o casi, al mérito de alzar el templo.

(Hearn 1904 [2012]: 32)

En 1964, el poeta Joseph Brodsky fue juzgado en la URSS por «parasitismo social», un delito de formulación reciente donde la historiografía ha querido ver mayor motivación disciplinaria que legal. Aunque Brodsky no se había caracterizado hasta aquel momento por ningún posicionamiento político que le asociase de manera evidente a la disidencia, la fama que el poeta estaba adquiriendo en Leningrado iba asociada a ciertos rasgos de heterodoxia que resultaban sospechosos para las estructuras de control estatal: traducía a autores occidentales, no tomaba en cuenta los marcos del realismo socialista y había cambiado en varias ocasiones de trabajo, tomando periodos libres en los que se dedicaba a la escritura. El hilo conductor del interrogatorio judicial, cuya transcripción abreviada se conoció en Occidente gracias a la periodista Frida Vigdorova, fue precisamente esa actitud laboral y, de manera más precisa, en qué medida la literatura podía ser reconocida y justificada como dedicación exclusiva dentro del sistema soviético:

Juez: ¿Cuál es su especialidad?

Brodsky: Poeta, poeta–traductor.

J: ¿Quién ha certificado que usted es poeta? ¿Quién le ha dado un lugar entre los poetas?

B: Nadie. ¿Quién me ha dado un lugar en la raza humana?

J: ¿Y estudió para ello?

B: ¿Para qué?

T: Para ser poeta. No trató de terminar el bachillerato, donde se prepara a la gente… donde se les enseña…

B: No creo que se aprenda en la escuela.

(Losev 2006: 80–81)

Para un participante en el campo literario hay un elemento de extrañeza, casi de absurdidad, en este intercambio: si algo caracteriza la concepción moderna del Arte es la inexistencia de un método de certificación, de un conjunto de características institucionales que permitan otorgar o negar a alguien la condición de «escritor». Sin embargo, ajeno a la *illusio,* al convencimiento que define la pertenencia a un determinado campo, el tribunal soviético intenta asimilar al artista con cualquier otro tipo de trabajador, que puede ser definido institucionalmente («¿Quién ha *certificado* que usted es poeta?») o formado mediante un proceso educativo («¿Y *estudió* para ello?»). En desigualdad evidente de poder, Brodsky y sus jueces se enfrentaban en realidad por una definición: ¿qué es un *artista?*

El ejemplo puede parecer extremo, tanto por las consecuencias penales (internamiento y exilio) como por la distancia entre los interlocutores, pero es precisamente en la incomprensión, en la ausencia de los mecanismos que posibilitan la percepción de una práctica, donde se revela la importancia de un determinado orden simbólico: sin la existencia de un campo artístico y literario –que configura sus propias instituciones, es relativamente autónomo y define la capacidad de sus miembros según ciertas categorías internas– no es posible que exista un artista, un intelectual o cualquier otro creador en tanto que sujeto social, es decir, reconocido socialmente como tal (Bourdieu 1977). Por tanto, no es factible comprender una práctica sin analizar cómo se ha constituido históricamente y, de manera especial, qué ha sido necesario ocultar, asimilar o potenciar en ella para constituirla como campo.

El Arte, tal y como se ha entendido de manera prioritaria en la modernidad, es decir, como fin en sí mismo, como expresión personal y desinteresada, constituye una categoría cultural relativamente reciente: comienza a perfilarse en Europa durante el Renacimiento, con el desarrollo de una conciencia manifestada en las biografías de artista y el autorretrato en pintura (Shiner 2001 [2004]: 73), y alcanza a consolidarse en su forma moderna durante los siglos XVIII y XIX como parte de diversas transformaciones sociales (Kristeller 1951, 1952; Habermas 1962 [1994]: 5–77; Hauser 1973). De un modo simplificado, puede explicarse el proceso de surgimiento del Arte como la oposición progresiva entre *reproducción* y *creación*: si en las culturas clásicas y en la civilización medieval «el arte» –τέχνη, *ars*– denotaba toda habilidad, toda destreza técnica o mental destinada a la actividad práctica y sujeta a reglas o normas –del gobierno a la agronomía, de la retórica a la pintura–, el concepto de «Arte» que se instaura a partir del XVIII denota una producción libre e independiente, que carece de uso más allá de su propia contemplación y se corresponde con la voluntad del artista que lo produce[15]. De este modo, las actividades y objetos artísticos se van separando de las funciones cotidianas y utilitarias, mediante una reivindicación de sus propiedades inmateriales –espirituales, de «inspiración», e intelectuales, de «comprensión»– frente a las cualidades físicas (Abrams 1989: 140) y una negación de la economía y de los condicionantes sociales. Este proceso se acompaña de una especialización profesional que escinde las actividades prácticas en dos grupos jerarquizados (Moulin 1992; Shiner 2001: 160–169): la artesanía pasa a reunir las actividades consideradas técnicas y reproductivas, mientras el Arte se plantea como actividad creativa superior, pues en su origen no se sitúa la técnica, sino una inspiración que habita en el interior del autor y que ya no viene ni de afuera – la naturaleza– ni de arriba –la divinidad– (Woodmansee 1994: 37). Esta separación culmina entre la Ilustración y el Romanticismo, cuando las

---

15 El término «arte» ya aparece en el *Diccionario de Autoridades* de 1726, aunque es definido como «la facultad que prescribe reglas y preceptos para hacer rectamente las cosas»; no es hasta 1817 cuando se incluye la entrada «buenas o bellas artes», aquellas «que dependen principalmente del ingenio, como la poesía, la música, la pintura».

diversas artes se constituyen como «campos» relativamente autónomos, con sus propias instituciones (academias, revistas, grupos) y sus modos de legitimación, valoración y consagración.

El concepto de Arte surge, por tanto, a través de un proceso de carácter contradictorio (Bürger 1974 [1987]: 90–104): si bien se sitúa en un periodo y en un ámbito espacial concreto, su instauración como categoría de pensamiento moderno no sólo omite ese desarrollo histórico, sino que se impone como universal, pues las obras de otras épocas o lugares pasan a juzgarse de acuerdo con el nuevo sistema; al mismo tiempo, la separación respecto a la praxis vital oculta las condiciones sociales del proceso y transforma la autonomía respecto a la sociedad en «esencia» del Arte. Sin embargo, el surgimiento del Arte es inseparable de la evolución histórica: hasta la consolidación del sistema capitalista en el siglo XVIII, los productos artísticos se limitaban al ámbito privado del patronazgo (nobleza y clero), el artista–artesano producía por encargo de los mecenas y las obras eran juzgadas según el criterio de éstos. Los cambios técnicos y sociales –expansión del mercado, desarrollo de la imprenta, aumento de las clases medias, alfabetización– darán una condición nueva a las obras artísticas, que comienzan a ser producidas y mediadas por el mercado, dejando así su limitación eclesiástica y cortesana; de este modo, los productos artísticos alcanzan su «autonomía» porque pierden su funcionalidad previa y se vuelven análogos a cualquier mercancía, siendo accesibles por primera vez a un «público», término que surge, precisamente, en el siglo XVIII (Habermas 1962 [1994]: 67–77).

La tensión entre la economía tradicional y la economía «simbólica» se convierte así en el gran principio de transformación del concepto de Arte. De un lado, la mercantilización transforma la noción de propiedad: si en el sistema previo la obra se asociaba al patrón o mecenas –como propietario material del producto–, el mercado revierte el sentido de la propiedad hacia el artista como productor *intelectual*; en consecuencia, la propiedad conduce a la noción moderna del «nombre», de la «autoría» –opuesta al anonimato o a la producción colectiva (como los talleres de pintor) que fomentaba el sistema previo– y ambos conceptos se unen jurídicamente bajo la forma de la propiedad intelectual y los derechos de autor (Jazsi 1991), desarrollados en Reino Unido y Alemania durante el siglo XVIII y principios del XIX[16]. De otra parte, sin embargo, la proliferación de los productos artísticos y el consiguiente nacimiento de un público diverso y de criterios difusos fomenta entre numerosos productores un rechazo de la dimensión económica y laboral de sus actividades (Woodmansee 1994: 4). La noción de «desinterés» se sitúa progresivamente como elemento central de la discusión artística (White 1973, Strube 1979): lo estético carece de finalidad porque es un fin en sí mismo; el desinterés distingue la experiencia estética de las emociones vulgares, aquellas que se producen cuando no se juzga la obra «por sí misma», sino a partir de otros factores.

La reivindicación de «autonomía» que caracteriza la constitución de los nuevos ámbitos artísticos se constituye, por tanto, como la *refracción* de estas tensiones históricas: la emancipación de los productores frente al patronazgo y a los poderes nobiliarios y eclesiásticos sólo puede adquirirse a través de la comercialización de sus productos y, por tanto, a cambio de la nueva dependencia respecto al mercado y al público; la autonomía ante estos últimos requiere a su vez el surgimiento de un espacio donde sean los propios productores quienes establezcan las condiciones y determinen las estructuras. Esta petición de autonomía relativa se concreta así en la aparición progresiva de los tres elementos necesarios para la existencia de un «campo»: un conjunto de productores especializados, unas instancias de consagración específicas y un mercado propio (Bourdieu 1971a, 1971b). La formación de los campos artísticos muestra así su analogía con cualquier proceso de especialización laboral o social: la independencia de un ámbito de la actividad social pasa por la creación de un discurso que lo legitime y que permita la exclusión de los criterios externos, de forma que sean los participantes quienes, desde el

---

16   El funcionamiento del mercado editorial también se manifiesta de manera dual en
      este aspecto. Hasta la aparición de los derechos de autor, el autor se hallaba en una
      situación cercana a la servidumbre, ya que el editor mantenía de por vida sus pre-
      rrogativas sobre el libro publicado. A finales del siglo XVII, el crecimiento de las
      ediciones piratas en países como Inglaterra pone en peligro el negocio de la publi-
      cación y son los propios editores quienes fomentan la nueva legislación de 1709,
      que les otorga mayor protección jurídica a cambio de limitar su periodo de propie-
      dad a dos tandas de 14 años. El desarrollo de estas legislaciones pasará entonces a
      ser preocupación de los propios escritores: en la aprobación de la ley británica de
      derechos de autor de 1842 –la primera que incluía de manera específica el pago de
      derechos póstumos– tuvo una constante implicación política el poeta William
      Wordsworth (Zall 1955).

interior, delimiten las condiciones de pertenencia y juzguen entre iguales; la reivindicación de «personalidad» y de «particularidad» del artista oculta, aunque sea parcialmente, que sólo la existencia del campo de producción permite conferir su valor a la obra. El surgimiento de los campos artístico pueden verse, en este sentido, como la superación del proceso de evolución histórica que opone el poder del *carisma* y el poder de la *burocracia* (Weber 1922 [1980]: 753–757): si la burocracia se basa en la reglamentación y en la racionalidad, el carisma se basa en el rechazo de la regla y de la previsibilidad; por tanto, mientras la burocracia puede ejercer su poder de manera continuada desde de su instauración, el carisma sólo constituye una forma de poder cuando el individuo carismático –el profeta, el líder, el revolucionario– logra encontrar a aquellos que reconocen esa cualidad. Al volverse autónomo, cada campo artístico crea un espacio que exige como condición misma de pertenencia que se acepte, que se asuma como evidente la existencia del «carisma» y el rechazo de cualquier forma de reglamentación.

Al igual que la mayoría de las artes, la literatura surge como concepto moderno en torno al siglo XVIII (Foucault 1966 [2005]: 312–313; Bourdieu 1992), a través de una serie de procesos de autonomía que permiten la constitución, tanto material como simbólica, de los distintos campos literarios nacionales. Por un lado, se produce la creación y proliferación de instancias específicas de legitimación durante los siglos XVIII y XIX, como las academias y sociedades cultas, los lugares de discusión (salones, cafés), las publicaciones críticas y ediciones especializadas (versiones anotadas, historiografía, catálogos y repertorios) o las bibliotecas centrales y circulantes (Habermas 1962 [1994]: 53–79; Hauser 1973: 513–567). Al mismo tiempo, el campo se dota de unidad por la creación de un discurso público donde interaccionan elementos literarios, históricos y lexicográficos: la noción de canon delimita una tradición, el diccionario establece un uso de la lengua basado en la referencia a los autores previos y la biografía e historiografía conectan las épocas a la vez que afirman la imagen de particularidad del escritor[17].

---

17 De un modo paradigmático, la trayectoria de Samuel Johnson (Kernan 1989: 158–163) como intelectual reconocido por el mercado y las instituciones de su propia época muestra la afinidad entre esas posibilidades: autor de un canon (*Lives of the poets*), del primer diccionario de la lengua inglesa y de una relevante edición crítica (las *Obras* de Shakespeare), fue también objeto de una extensa biografía (la influyente *Life of Johnson* de James Boswell).

La aparición de las estructuras materiales e intelectuales necesarias para el campo literario se produce, una vez más, de manera relacional. A lo largo del siglo XVIII y XIX, la alfabetización, la separación respecto a los círculos nobiliarios –a través de iniciativas como los sistemas de suscripción (Eagleton 1984 [2005]: 30)– y la expansión del mercado del libro permiten la aparición de escritores profesionales; al mismo tiempo, sin embargo, este periodo ve surgir los primeros tratados filosóficos que condenan la industrialización y proliferación de las obras, atacando «la adicción lectora» (*Lesesucht*): se incita a restringir las lecturas a las «grandes obras» que exigen «esfuerzo» y «sacrificio» y se proponen métodos «correctos» para entenderlas y apreciarlas (Woodmansee 1994: 94–100). En la constitución del campo se enfrentan, por tanto, la autonomía de los usuarios –que emplean las obras de acuerdo con sus disposiciones– y la voluntad de los productores para otorgar autonomía a sus obras, enfrentamiento que delimitará la oposición principal del campo literario moderno: la polarización entre el sector de «gran producción» – regido por una lógica de rendimiento *comercial* a corto plazo, dependiente del público general– y el sector de «producción restringida» –que reivindica un rendimiento *simbólico* a largo plazo y se dirige a un público «selecto» (Bourdieu 1992).

Los tipos de capital en el intercambio literario

El concepto sociológico de «capital» constituye una importante herramienta metodológica para profundizar en esta tensión entre economía material y economía simbólica que estructura los campos artísticos. A través de una ruptura con el principio carismático del arte, la noción de capital permite llevar a cabo una crítica materialista de estas prácticas sociales y, de ese modo, observar la presencia y los efectos del poder en aquellos ámbitos que se basan justamente en su negación. Como ya se ha apuntado, el surgimiento del campo artístico está marcado por una voluntad de autonomía que, en último grado, supone un intento por revertir los mecanismos del poder social o de reducir su presión: la necesidad de un espacio donde el capital económico no sea el factor decisivo de dominación, sino que sea sustituido –o al menos contrarrestado– por un capital específico, propio de ese campo. Ese proceso de emancipación altera la configuración del poder, pero no la elimina: por ejemplo, cuando Robert Laffont, propietario de la editorial homónima, declaraba «haber tenido el honor, ya que no el placer», de haber perdido dinero con la traducción de una «monumental» biografía de Ernest Hemingway (Laffont *apud* Bourdieu 1992: 234), expresaba un orgullo antieconómico tan relevante para el campo literario como incomprensible dentro del campo empresarial; la inversión, e incluso la pérdida de capital económico se convierte así en otro tipo de capital (literario, simbólico) de acuerdo con los esquemas del campo. Sin embargo, la propia constatación de que el campo literario posea estructuras para refractar la influencia del capital económico constituye un indicador de su ambigüedad: si por un lado evidencia el mantenimiento de su autonomía relativa, del otro revela la imposibilidad para establecer su capital específico como único factor decisivo en el interior del campo.

El estudio de las relaciones entre distintos tipos de capital, de sus transformaciones y transferencias potenciales, supone un área relevante para una sociología de la literatura internacional, pendiente en gran medida de exploración. En primer lugar, ha de tenerse en cuenta la repercusión del capital económico en la estructuración de los distintos mercados editoriales, ya que la importación de obras literarias implica una serie de costes que pueden condicionar las tendencias culturales. El espacio editorial en lengua española constituye en la actualidad un ejemplo de esta oposición: la desigualdad de volumen financiero entre editoriales españolas y latinoamericanas –claramente decantado por el peso específico de las multinacionales españolas o asentadas en España (Sorá 2009: 93–95; CERLALC 2009)– implica una configuración específica del campo editorial y de la capacidad relativa de cada área nacional para importar obras traducidas. Las consecuencias de esta dominación, sin embargo, pueden manifestarse como posicionamientos innovadores o regresivos, según la capacidad de los distintos agentes para reaccionar ante tales condicionantes:

[…] [Patricia Willson, profesora de la Universidad de Buenos Aires:] en Argentina los editores se especializan en la traducción de ensayo porque casi toda la ficción contemporánea se traduce en España. Sacar de un problema virtud hizo que los edi-

49

tores argentinos se propusieran traducir ensayos, y también obras literarias que están en el dominio público y que, por ende, no pagan derechos de traducción.

[...]

[Alfredo Michel Modenessi, profesor de la UNAM:] Se ha dicho que en particular la traducción de ficción, de narrativa, es un campo prácticamente copado por las editoriales españolas, incluso aquellas que tienen sus oficinas en la Ciudad de México, en Buenos Aires o en países como Colombia. Puesto que esto depende de un tipo de relación que está enteramente fuera de nuestro control, que es el de la compra de derechos. Y estos derechos se compran con enorme anticipación en el caso de los españoles, que son los que tiene el mayor cupo. Esto a su vez incide en que el mercado se contraiga en nuestros países y que resulte en el fenómeno —que es de todos conocido en estas situaciones industriales y postindustriales— de que los mercados más pequeños recurren a lo que queda por fuera, y que son autores —incluso de ficción, poesía o algún otro tipo de empresa literaria— más marginales, menos conocidos, más jóvenes.

(Arencibia et al. 2008: 31–36)

La dominación del capital económico, por tanto, provoca estrategias de resistencia basadas en las estructuras específicas del campo; a largo plazo, esos nichos de mercado –el ensayo o los autores «marginales»– pueden conducir a la acumulación de un capital literario que transforme la posición de un agente o una editorial (*cf.* Serry 2002 sobre la trayectoria de Éditions du Seuil). No todas las refracciones culturales de la dominación económica, pese a todo, logran alcanzar el mismo grado de reversibilidad: como han señalado distintos traductores e investigadores (Arencibia 2008; Ehrenhaus 2008), la influencia de las editoriales españolas en el mercado de la traducción influye también en el capital cultural asociado a las variedades lingüísticas del español que se emplea en las obras traducidas, privilegiando el uso de un hipotético «español neutro» que constituye, en realidad, una variante ligeramente adaptada del peninsular.

Además de los procesos de transformación de capital, uno de los elementos principales para el estudio de la literatura internacional se halla en lo que podrían denominarse «transferencias de capital» entre un agente y otro o entre un agente y un texto. La transferencia se produce cuando un determinado agente hace uso, consciente o no, de su capital acumulado para *poner en valor* otro elemento del campo y condicionar su apreciación. Esta estrategia se percibe de manera evidente en los «procesos de marcado» (Bourdieu 1989a: 30), donde el *nombre* del editor, prologuista o traductor se une al del autor presentado o recuperado para alterar las expectativas de los receptores, en especial en aquellos procesos de importación de obras escasamente conocidas o de lenguas consideradas periféricas, como ocurre, por ejemplo, en las traducciones del serbocroata realizadas por el poeta estadounidense Charles Simic – Premio Pulitzer en 1990 y Poeta Laureado en 2007–, cuyo nombre aparece, desde la propia portada, en una posición y condición tipográfica análogas a la del autor traducido (Vasko Popa, Ivan Lalić, Novica Tadić). Estos «marcados» pueden en ocasiones conducir a una exportación del capital adquirido tras el proceso de recepción, de modo que la trayectoria de un autor en un campo literario extranjero puede afectar al reconocimiento en su país de origen: si la recepción francesa de William Faulkner estuvo influida por la atención inicial que su obra obtuvo de Sartre, la consecuencia de su consagración entre la crítica y los intelectuales de este país fue una mayor atención hacia su obra en EEUU, donde hasta ese momento había sido poco valorada (Casanova 1999: 184–186).

Por su subordinación histórica frente a la escritura, que remite a esa oposición artística entre «reproducción» y «creación», la práctica de la traducción constituye un ámbito privilegiado para el estudio de la transferencia de capital, de manera notable en aquellos casos en que un mismo agente ha desarrollado su tarea en ambos campos. En la medida en que «el valor» de toda obra artística está condicionado por las estructuras del campo, la tarea como traductor de estos agentes tiende a presentarse en asociación con su proyecto de autor, lo que facilita esa «transferencia» de capital.

Una trayectoria donde se puede analizar con precisión estos procesos es la del poeta y narrador argentino Jorge Luis Borges (1899–1986), cuyas traducciones aún se reeditan con frecuencia en España y Latinoamérica: desde *Bartleby, el escribiente* de Herman Melville a *Las palmeras salvajes* de William Faulkner, *Orlando* de Virginia Woolf o *La metamorfosis* de Franz Kafka. A pesar de las relativas disparidades y ambigüedades que suscita su trabajo, el reconocimiento simbólico alcanzado por su obra sigue generando un discurso crítico y periodístico en torno a dichas traducciones; así, ciñéndose al ámbito cultural y periodístico español, se encuentran numerosas señales de atención a sus trabajos y reediciones: a propósito de *Bartleby* se habla de él como «irrepetible tra-

51

ductor de la obra» (Gurpegui 1999), mientras que al referirse a *Orlando* se le alaba como una «bonificación» al tratarse de un «traductor de lujo» que ha hecho una «labor excelente» (Molina Foix 2002: 52), del mismo modo que se califica su trabajo con las *Palmeras* como «excelente versión» (Coy 1987 [2000]: 19). Sin embargo, estas traducciones «firmadas» por Borges provocan numerosas dudas de autoría, ya que se desconoce si fueron realizadas por el autor argentino o si fueron producidas por su madre, Leonor Acevedo, y revisadas posteriormente por él, según apuntó Borges en diversas entrevistas:

> ella [Leonor Acevedo] tradujo algunas historias de Hawthorne, uno de los libros de Herbert Read sobre arte y también produjo algunas de las traducciones de Melville, Virginia Woolf y Faulkner que se consideran mías.

(Borges *apud* Day 1980: 109)

> por qué no confesar que ella tradujo, y que yo revisé después, y casi no modifiqué nada, esa novela, *Las palmeras salvajes* de Faulkner.

(Borges & Ferrari 1992: 211–212)

No cabría descartar, pese a todo, la hipótesis de que dichas atribuciones fueran un recurso de Borges para minimizar su responsabilidad en trabajos realizados con escasa atención, según indican diversos estudios: un análisis de su traducción de *Las palmeras salvajes* (Labrum 1998) demostró que ésta no se había realizado a partir de la edición estadounidense, sino de una edición británica expurgada, y que en el producto final abundaban las omisiones adicionales del traductor, en especial ante referencias lingüísticas especializadas (lenguaje coloquial, regionalismos, flora y vegetación).

La relación entre autoría y transferencia de capital adquiere mayor relevancia en el caso de *La metamorfosis*, que sigue constituyendo una referencia simbólica en la oferta editorial de Franz Kafka. Además de esta novela breve, Borges apareció como traductor de dos cuentos («Un artista del hambre» y «Un artista del trapecio»); los tres textos han sido reeditados en diversas ocasiones por editoriales transnacionales como Losada, Edhasa o Círculo de Lectores. Sin embargo, se ha demostrado (Sorrentino 1998) que estas traducciones no sólo no eran obra de Borges, sino que habían sido, además, realizadas en España: las señales proporcionadas por el análisis de los textos –abundantes en giros castellanos, algo anticuados, que resultaban improbables en un traductor argentino– permitió descubrir que los textos habían aparecido en *Revista de Occidente*, sin mención del traductor, entre 1925 y 1932. Durante una serie de entrevistas en 1974, Borges desmintió ser el traductor de *La metamorfosis*, aunque siguió atribuyéndose la autoría de las traducciones restantes:

Sorrentino: Me pareció notar en su versión de La *metamorfosis,* de Kafka, que usted difiere de su estilo habitual...

Borges: Bueno: ello se debe al hecho de que yo no soy el autor de la traducción de ese texto. Y una prueba de ello –además de mi palabra– es que yo conozco algo de alemán, sé que la obra se titula *Die Verwandlung* y no *Die Metamorphose*, y sé que hubiera debido traducirse como *La transformación*. Pero, como el traductor francés prefirió –acaso saludando desde lejos a Ovidio– *La métamorphose*, aquí servilmente hicimos lo mismo. Esa traducción ha de ser –me parece por algunos giros– de algún traductor español. Lo que yo sí traduje fueron los otros cuentos de Kafka que están en el mismo volumen publicado por la editorial Losada. Pero, para simplificar –quizá por razones meramente tipográficas–, se prefirió atribuirme a mí la traducción de todo el volumen, y se usó una traducción acaso anónima que andaba por ahí.

(Sorrentino 1998)

Las traducciones de Borges ejemplifican, de este modo, la contradicción que puede implicar el proceso de construcción del valor artístico: su función como referencia simbólica y comercial es ajena a su validez objetiva como productos, ya que viene condicionada por el efecto carismático de una autoría sobre la que tampoco se tiene certeza. En un estudio sobre las traducciones del autor argentino (Gargatagli & López–Guix 1992: 66), esta contradicción se ha formulado con una acertada expresión: el «efecto Borges», que induce a «ver perfección, dominio del idioma o erudición donde no siempre existen (que es uno de los tantos fenómenos, tal como él mismo consignó, que produce la "lectura" de un "clásico")». Esta descripción del «efecto Borges» puede entenderse como una variante intuitiva y concreta del «valor mágico de la firma» (Bourdieu & Delsaut 1975): al modificar el marco de evaluación, el capital acumulado del autor aumenta la probabilidad de un juicio positivo sobre un producto que, si careciese de esa «firma», no sería considerado o recibiría una apreciación negativa; un poder mágico que llega, en los casos apuntados, a ejercer una labor absoluta de transformación, logrando que un texto producido por otro traductor vea aumentar su «valor» mediante su atribución a un autor de alto capital[18].

La transferencia de capital desde la condición de autor encuentra otro ámbito de interés metodológico en el poder simbólico del rol. El «rol» (Berger & Luckmann 1967 [2005]: 95–101) puede definirse como la imagen *social* del sujeto, objetivada según el conjunto de categorías existentes en una comunidad. El rol constituye, al mismo tiempo, una *representación* y una *mediación*, pues representa el orden institucional – el sujeto «juez» representa a la institución «justicia»– y media entre sectores específicos del conocimiento socialmente distribuido (un químico llamado a testificar como especialista en un juicio «comunica» dos campos del conocimiento). Sin embargo, los roles tienen un mayor o menor grado de definición de acuerdo con los distintos campos sociales. Aunque en todos los campos existen luchas para monopolizar la capacidad de definición del rol y de atribución de condiciones (Bourdieu 1992 [1998]: 310), las luchas de definición en los campos artísticos son especialmente relevantes por su menor fijación institucional: cuando se afirma popularmente que X *no es* un pintor o que Y *se hace llamar* escritor, se está asumiendo la existencia de una serie de características, elusivas y rara vez expresadas, por las que determinados agentes no deberían formar parte del campo analizado. El carácter disputado de estos elementos hace, por tanto, más relevante para el investigador que, en ciertas situaciones, un determinado rol pueda ser empleado en sí mismo como elemento de valoración. En este proceso, el rol deja de ser una denominación derivada de los sujetos que ejercen una actividad para transformarse en un signo de capital que puede transferirse a un sujeto o a un texto para condicionar las expectativas de los receptores. En el ámbito de la traducción, esta transferencia se hace evidente en el discurso crítico y divulgativo, donde el rol de «autor» y, especialmente, de «poeta» actualiza la

---

18 La relación de identidad que la «firma» establece con el propietario es la misma, como señaló Ezra Pound, que en la producción de un cheque; el «nombre» asegura el *crédito*, la *creencia* en la validez: «Si el señor Rockefeller firma un cheque por un millón de dólares, es bueno. Si lo firmo yo, es un chiste, una estafa, no tiene valor. [...] No se aceptan cheques de extraños sin una referencia. En la escritura, el 'nombre' de una persona es su referencia. Tiene, después de cierto tiempo, crédito» (Pound 1934 [2005]: 25).

oposición histórica entre grupos artísticos y se convierte en un signo de apreciación cuando se aplica a la evaluación y descripción de traducciones:

[...] una pulcra y poética traducción del poeta Ángel Guinda [...]

(Blesa 2001)

Con ser muy importante esta antología que presentamos de la poesía de Milosz, urge comenzar aludiendo a su traductor, al poeta cordobés Manuel Álvarez Ortega, que no sólo nos ha ofrecido a lo largo de las últimas décadas una de las obras poéticas más personales, depuradas y valiosas [...], sino que además es el autor de algunas de las traducciones poéticas imprescindibles de estos últimos años.

(Colinas 2008)

Para hacer una buena traducción lo preferible es que la haga un escritor de verdad, lo que en el caso de Mario Verdaguer era ya algo indiscutible de antemano.

(Conte 2005)

Si juzgamos la lengua de llegada y teniendo en cuenta que en la poesía la traducción sólo puede ser traición, hemos de decir que en estas versiones de Jenaro Talens se ve la buena mano de un poeta.

(Oliván 1999)

La cualidad de poeta del traductor no deja pasar por alto la particularísima relación de Rossetti con sus palabras, de éstas con su universo emotivo, como no olvida la secreta coherencia de las dos «series» que componen el libro.

(Suñén 1999)

El rol de «autor» se presenta, por tanto, como medida de calidad («la buena mano de un poeta»), signo de confianza («la cualidad de poeta»), elemento prioritario («urge comenzar aludiendo...al poeta») e, incluso, condición requerida («un escritor de verdad»), al producirse la identificación entre característica del texto y atributo del sujeto (*«poética* traducción del *poeta...»*). Sin embargo, en una lectura estricta, la referencia a esta condición social no aporta ninguna información relevante sobre el texto analizado. En la medida en que se resiste a la objetivación, el rol artístico se construye como un prototipo a partir de las imágenes de legitimación social que el propio campo literario desarrolla (la «independencia», la «creatividad», la «sensibilidad») y que conforman, de ese modo, un elemento de evaluación para el que no existen condiciones previas ni condicionantes posteriores: no puede delimitarse y, sin embargo, se plantea como elemento evidente entre los participantes del campo. De este modo, el uso valorativo del rol se correspondería con un capital simbólico transferido –el prestigio, la firma– y, al mismo tiempo, podría emplearse como herramienta de *exclusión,* de delimitación de las fronteras del campo.

Estructura del campo y producción de la creencia

A través de esta revisión histórica y metodológica se puede comprender que la interacción entre «campo», «capital» y «creencia» (Bourdieu 1984 [2002]: 204; 1992 [1998]: 318) constituye un importante utensilio conceptual para el estudio de la práctica literaria y traductora. Puesto que no existe una «obra» ni un «artista» sin una estructura material y simbólica que los defina, conceptos tan generalizados como la «calidad» o el «valor» son indisociables de la creencia que los distintos participantes tienen, no sólo en la estructura del campo (de la que pueden ser más o menos conscientes), sino en las diversas figuras de legitimación que se producen en el interior de éste y que tienden a producir disposiciones asimiladas y, por tanto, inconscientes. Como se ha apuntado, la negación del poder material es la condición necesaria para la aparición de un poder simbólico que se manifiesta en la acumulación de capital y en sus distintos procesos de transformación y de transferencia.

La relación entre capital y creencia tiene notables implicaciones para la traducción, en tanto que práctica social dominada y poco visible dentro del contexto social. Puesto que la valoración del texto traducido suele basarse en una serie de presuposiciones de los usuarios (Chesterman 1997: 123–128), esta dependerá en gran medida del capital asociado a su autor: cuanto mayor sea este, más probabilidades existirán de que la valoración sea positiva. Asimismo, la creencia se relaciona con el poder simbólico de los sujetos implicados (Berger & Luckmann 1967 [2005]:

112–147), puesto que el reconocimiento otorgado dentro del campo aumentaría su capacidad para producirla, como en el caso de las traducciones *firmadas* por Borges, pero realizadas por otras personas. Desde una perspectiva metodológica, capital y creencia interaccionan también con la «función autor» (Foucault 1969): en la medida en que impone una coherencia (conceptual, estilística) y una presunción de «valor» constante a los textos que se agrupan bajo un mismo nombre, la «función autor» constituye un recurso de organización del capital, al aglutinar en la misma imagen social una serie de producciones con características dispares.

Finalmente, el poder simbólico se asociaría igualmente a la jerarquía de roles y de imágenes que estructuran el campo literario, puesto que la asociación del texto con un rol de mayor o menor poder dentro del campo altera las condiciones de valoración; estas presuposiciones se comprobarían en el uso genérico del rol (la «simbolización del rol»), que llegaría a transformarse en un elemento valorativo como medida de calidad y signo de confianza. Indudablemente estas disposiciones de campo influyen también en la situación laboral de los traductores literarios, ya que, como han apuntado diversos estudios etnográficos (Kalinowski 2002; Sela–Sheffy 2005, 2008), muchos profesionales tienden a construir una imagen personal que se asimilar con la «imagen de autor» y a desarrollar un discurso análogo para reivindicar una mejor valoración de su obra. En el siguiente capítulo se analizará con mayor detalle cómo estas imágenes sociales se relacionan con la estructura del campo literario, la trayectoria o habitus de los distintos agentes y la ocultación de los condicionantes sociales.

4. La sociología del gusto, un «psicoanálisis social»

La palabra *classicus* no aparece sino muy tarde, y en una sola ocasión: en Aulo Gelio (*Noches áticas*, XIX, VIII, 15). Este erudito de la época de los Antoninos trató un sinnúmero de cuestiones gramaticales disputadas: ¿debe emplearse *quadriga* y *arena* en singular o en plural? Hay que atenerse a la manera en que emplea esas palabras algún autor modelo: *E cohorte illa dumtaxat antiquiore uel oratorum aliquis uel poetarum, id est, classicus adsiduusque aliquis scriptor, non proletarius*; «cualquiera de entre los oradores o poetas, al menos de los más antiguos, esto es, algún escritor de la clase superior contribuyente, no un proletario». La Constitución de Servio Tulio dividía a los ciudadanos en cinco clases de acuerdo con su fortuna; a los miembros de la primera clase se les denominaba precisamente *classici* [...]. El *proletarius*, al que Aulo Gelio menciona en su comparación, no pertenecía a ninguna clase contribuyente.

(Curtius 1953 [1976]: 352–353)

La lengua abunda en referencias a las particularidades del «gusto»: desde la escolástica *de gustibus non est disputandum* a la popular «sobre gustos no hay nada escrito», existe una línea de opinión que, bajo la reivindicación del supuesto sentido común, insiste en defender la condición individual e inalienable del «gusto», sus necesarias impurezas, la incapacidad para objetivarlo o criticarlo. Desde una perspectiva histórica y sociológica, sin embargo, las coordenadas de trabajo que se plantean son radicalmente distintas: el «gusto» constituye «el terreno por excelencia de la denegación de lo social» (Bourdieu 1979 [2007]: 9), en la medida en que ese convencimiento generalizado acerca de la peculiaridad y libertad del gusto contribuye a ocultar sus condiciones de ejercicio y de formación. El gusto sólo puede comprenderse socialmente, puesto que las preferencias supuestamente «individuales» o «universales» revelan la influencia de unas estructuras educativas y culturales en las que se basa una jerarquía del gusto de profundas implicaciones políticas.

Como se apuntó en el capítulo 3, el concepto de gusto o de juicio estético es indisociable de la noción de Arte, la cual no puede, a su vez, comprenderse sin tomar en consideración las grandes transformaciones sociales de la Modernidad. Tanto el «Arte» como el «juicio» se consolidan discursivamente en un periodo, el siglo XVIII europeo, marcado por la mercantilización y la proliferación de los productos: frente a la limitación de las estructuras previas, la sociedad civil se transforma en una gran maquinaria de intercambios, no dominada ya por la restricción de la corte. Con el surgimiento del liberalismo, el mercado se convierte en un «espacio de verificación gubernamental» (Foucault 2004b: 29–51): es la evolución del mercado, con sus fluctuaciones y beneficios, la que pasa a convertirse en el mecanismo que prueba o rebate el «correcto» funcionamiento del estado. Ante esta modificación de la estructura estatal y el aumento de la oferta, una de las preocupaciones centrales para la posición política y filosófica de la clase media será el control de la conducta de consumo (Caygill 1989), pues la abundancia y el mal uso empiezan a considerarse los grandes riesgos morales para la nueva sociedad: «el comercio floreciente engendra opulencia, y la opulencia, inflamando nuestro apetito de placer, se desahoga en el lujo y la gratificación sensual» (Lord Kames *apud* Caygill 1989: 65).

Progresivamente, el consumo se convertirá en el terreno de diálogo entre la filosofía moral y la estética, donde ambas disciplinas pueden reforzarse mutuamente para alcanzar un objetivo ideológico común: el «universalismo» y el «desinterés» que requiere la obra de arte autónoma se adecúan de tal manera al discurso moral de la nueva clase en ascenso que la contemplación estética se convierte en un atributo político, modelado a partir de la concepción de las «buenas maneras», de la *politeness* (Klein 1993: 3–8) que constituye el ideal burgués de conducta. Buen juicio, moderación y consumo son indisociables en el discurso intelectual y su proliferación de códigos, normas, guías y manuales, cuyas admoniciones imbrican gusto y moralidad como si preludiasen, de manera involuntaria, la parodia del Romanticismo que Flaubert desarrollará en *Madame Bovary*: «las lecturas sin gusto ni reflexión», dice un filósofo de la época, tienen por consecuencia «el despilfarro insensato, la aversión irrefrenable al esfuerzo, la propensión ilimitada al lujo, la represión de la voz de la conciencia, el tedio vital y una muerte prematura» (Bergk 1799 [2009]: 412).

El concepto del «gusto» surge, de este modo, con una fuerte impronta moral, pero también de clase: aunque se dirigen al conjunto de la sociedad civil, las propuestas en torno al uso «correcto» de los productos provienen de una fracción social concreta y de los criterios que le resultan propios. El nacimiento de la actitud «estética» conlleva la delimitación de una serie de conductas que no estaban normalizadas hasta ese momento y que se basarán en las disposiciones de los «conocedores»; el silencio que ha de ir asociado a la contemplación, por ejemplo, no era una costumbre evidente para el público general: al convertirse en museo parte del palacio del Louvre, las autoridades tuvieron que colocar indicadores para advertir a los visitantes de que no estaba permitido reírse, cantar o jugar en el interior (Shiner 2001 [2004]: 193). El ejercicio del gusto legítimo pasa así a considerarse una señal de estatus (Mattick 1993: 5) y un modelo de comportamiento (Bennett 1995 [2005]: 99–102) a través de una manifestación continua de violencia simbólica: la reivindicación del «desinterés» se convierte en un mecanismo disciplinario, ya que permite establecer la corrección de las prácticas y descartar otros tipos de interpretación o de conducta. Al mismo tiempo, la pretensión de «universalidad» legitima la división social, estableciendo como norma las disposiciones de la fracción dominante y convirtiendo las diferencias formativas en propiedades del «espíritu»: un estilo de comportamiento de los sujetos se convierte en una *característica* de los objetos contemplados (Bürger 1983 [1996]: 113). Planteada como inmediata y evidente, la actitud «estética», el «buen» juicio, el gusto «puro» encubren el proceso (educativo, económico, social) que permite al receptor adquirir las disposiciones necesarias para acceder a esa experiencia o fundamentar esa elección (Bourdieu & Darbel 1969: 108; Bürger 1983 [1996]: 85).

Si la reflexión histórica hace ver que el concepto de «gusto» es, a un tiempo, el resultado y el mecanismo de negación de una serie de problemáticas sociales, el análisis del presente permite comprender que discurso letrado y discurso popular, a pesar de basarse en razonamientos opuestos, se complementan en esta tarea de ocultamiento. La arraigada creencia en torno a la libertad del gusto –esa percepción de que no hay un gusto «más acertado» o válido que otro, de que cada persona tiene «sus propios gustos»– contribuye igualmente a encubrir el proceso de construcción de esta facultad: de la misma forma que la idea de «universalidad» impide ver la estratificación social que está legitimando, la afirmación absoluta de la «individualidad» del gusto olvida los condicionantes sociales de toda preferencia y, en último grado, las relaciones de desigualdad material y simbólica que la posibilitan. Dado que el gusto es una manifestación del *habitus*, de la trayectoria dentro de un espacio social, nadie ejerce su gusto tan sólo como sujeto, sino también como miembro de un grupo; en las elecciones se refleja la clase o fracción social donde se encuentra cada individuo.

Como ha estudiado la sociología crítica[19], existe una relación fundamental entre la capacidad económica de un individuo («capital económico»), su trayectoria formativa, cultural y profesional («capital cultural») y sus elecciones en materia de «gusto»: que una obra de arte nos interese o nos resulte inaccesible, que un ciclo cultural nos atraiga o nos haga pensar que no es «para gente como nosotros», que una actitud nos parezca pretenciosa o grosera depende de esa trayectoria que hemos seguido en el espacio social y no tanto de las propiedades de esas actividades o de unas supuestas características «espirituales» de cada individuo. Por lo tanto, el gusto constituye un sistema de clasificación, ya que nuestras preferencias nos sitúan en el espacio social, hacen visible a otros nuestra posición; de este modo, el gusto tiende a ser la expresión de una distancia social que se ignora o se pretende ignorar: un gusto (*goût*) es indisociable de un desagrado (*dé–goût*), de un rechazo ante el gusto de otros (Coulangeon & Duval 2013: 9), constituyendo así una herramienta de separación y de distinción entre grupos. De ahí que, en suma, se pueda afirmar la existencia de una jerarquía social de las prácticas según la cual ciertas elecciones nos parecen «mejores» o «peores», «altas» o «bajas», «nuestras» o «de los otros»; un sistema de *distinción* que no deriva de las propiedades de aquello que se elige, sino del modo en que unos y otros grupos sociales lo usan para *distinguirse*: cualquier producto o actividad puede convertirse en la expresión de esa distancia entre grupos y, por ende, en un símbolo de la dominación que estructura el espacio social.

El objetivo de este capítulo es demostrar que la sociología puede ser una herramienta para comprender esa relación entre «gusto» y sociedad dentro de un campo artístico, donde los propios participantes se constituyen como tales mediante la negación de los condicionantes externos. De este modo, la sociología del gusto funciona como un «psicoanálisis so-

---

19 Las aportaciones fundacionales de Bourdieu (Bourdieu & Darbel 1969, Bourdieu & De Saint Martin 1976 y especialmente Bourdieu 1979) han sido prolongadas, replicadas y, en ciertos aspectos, matizadas en distintos países, como Australia, Dinamarca, Inglaterra, México, Noruega o Portugal. Para una revisión crítica de los principales debates en el campo véase: Duval 2010, Coulangeon & Duval 2013.

cial» (Bourdieu 1979 [2007]: 9): las elecciones, preferencias y manifestaciones del «gusto» y del juicio estético son reveladoras de una cierta configuración social y simbólica que el campo oculta o rechaza. Para sostener esta argumentación se recurrirá a una síntesis de dos trabajos previos (Fernández 2011a, 2012) donde se analizó, en el contexto cultural español, la relación entre dos tipos de elecciones consideradas «legítimas» –las críticas de traducciones en prensa, de un lado, y los premios institucionales a la traducción, de otro– y los condicionantes sociales que subyacían a estas elecciones (la trayectoria profesional y el sexo).

Las «clases intelectuales», entre el enfrentamiento profesional y la distinción social

El primer eje de análisis pertinente para comprender el campo literario y editorial lo constituye la condición profesional de los sujetos, a causa, precisamente, de la escasa definición institucional de las «profesiones» artísticas y culturales. Al establecer elementos comunes a los distintos participantes, se produce una ruptura epistemológica con el análisis que presupone la igualdad teórica de todos los sujetos dentro de cada categoría. Esta actitud habitual de inducción espontánea tiende a atribuir a todo un grupo los rasgos de sus miembros más destacados (Bourdieu, Chamboredon & Passeron 1968 [1983]: 28–29); por el contrario, la introducción de variables teóricamente ajenas al ámbito estético permite establecer nuevas relaciones entre los sujetos. Las categorías profesionales tampoco son ajenas a otros procesos sociales, como la construcción de identidades colectivas (grupales, gremiales) y el uso de imágenes categorizadas (roles) para la identificación en la vida cotidiana (Desrosières & Thévenot 1988).

Como ya se ha adelantado, los dos grupos de materiales empleados en este análisis (Fernández 2011a) fueron un conjunto de críticas de traducciones publicadas en prensa[20] y el listado de premios concedidos por el Ministerio de Cultura de España en la categoría de traducción[21] hasta 2009. Para estructurar el trabajo se procedió a la construcción de una serie de categorías intelectuales–profesionales que permitieran englobar a los participantes: autores de las traducciones, críticos de las traducciones y ganadores de los premios; el análisis de los miembros de los jurados sólo pudo realizarse parcialmente, al no estar disponibles para consulta una parte de las resoluciones[22].

Los principales resultados que se obtuvieron de este primer cotejo fueron los siguientes:

– preferencia ante el trabajo realizado por pares o sujetos afines: dentro del corpus de prensa, la mayoría de valoraciones positivas a las traducciones realizadas por los miembros de una categoría provenían de miembros de esa misma categoría o de otra relativamente cercana (los «escritores» privilegiaban a los «escritores» y los «poetas» eran valorados por distintos subgrupos dentro de su categoría, del mismo modo que los «profesores universitarios»). En el caso de los premios nacionales, los resultados se invertían, pero se mantenía la tendencia: los jurados estaban compuestos mayoritariamente por «profesores universitarios» y «traductores» (en porcentaje siempre superior al 50%) y los miembros de las categorías «traductor vetera-

---

20 Críticas de libros traducidos en los suplementos culturales de cuatro diarios españoles –los diarios generalistas de mayor tirada: *El País, El Mundo, ABC* y *La Vanguardia*– durante una década (1999–2008). Para la construcción del corpus sólo se retuvieron las reseñas que contenían una valoración de calidad de la traducción; el total del periodo fue 1861 críticas.

21 Los dos premios existentes en esta categoría se construyen por analogía con otros premios de las letras: por un lado, un premio a una obra concreta, el Premio Nacional a la Mejor Traducción, que surge en 1984 a partir del antiguo Premio Fray Luis de León; por otro, el premio a una trayectoria, el Premio Nacional a la Obra de un Traductor, creado en 1989.

22 Puede comprobarse, pese a todo, que los jurados se estructuraban a partir de una sección fija: cuatro miembros de las Academias de la Lengua u órganos homólogos (Real Academia Española, Real Academia Gallega, Real Academia de la Lengua Vasca e Instituto de Estudios Catalanes), un número variable de representantes de asociaciones de traductores (ACEtt y/o APETI) y los autores premiados en la edición previa. La segunda sección del jurado tenía una procedencia variable y podía incluir tanto a representantes de otros organismos (Escuela de Traductores de Toledo, Conferencia de Rectores de las Universidades Españolas, Federación de Asociaciones de Periodistas) como a especialistas designados por el propio Ministerio.

no» y «profesor universitario» suponían dos tercios de los premiados.

– rechazo focalizado en una categoría profesional: dentro del corpus de prensa, las valoraciones negativas se concentraban (76,7%) entre los «traductores» no veteranos y provenían principalmente de miembros de la categoría «escritor», de distintos subgrupos de «poetas» y de los «profesores universitarios». En el conjunto de los premios institucionales, el rechazo se manifestaba como exclusión: a pesar de la atención recibida en el corpus de prensa por sus traducciones, los miembros de la categoría «poeta» y «escritor» tenían escasa presencia entre los premiados (21%) y, en varios casos, esta se producía por la mediación de un rol profesional relacionado con la enseñanza (por ejemplo, poetas implicados laboralmente en la universidad).

Sin pretender una polarización decisiva, estas tendencias permiten apuntar algunas relaciones entre «gusto» y trayectoria intelectual–profesional. En primer lugar, puede constatarse la existencia de un *gusto grupal o de clase*, definido por afinidad y por exclusión: de una parte, los resultados evidencian que los miembros de las distintas categorías tienden a preferir el trabajo de otros afines; de otra, se constata el rechazo o la escasa valoración del trabajo de los miembros de ciertos grupos, que varían de acuerdo con el ámbito analizado. Tomadas en conjunto, ambas tendencias parecen sugerir una predisposición a universalizar la posición propia, es decir, a defender el gusto de grupo como gusto *legítimo* y a reivindicar una exclusividad de los saberes o técnicas propios del grupo. Al defender su «gusto» y rechazar otros, cada grupo se define por oposición («nuestro» gusto difiere del «vuestro») y por exclusión («vuestro» gusto es «inferior», no es «legítimo»); de este modo se ejercería un acto de «gestión de acceso» (*gate–keeping*, Lewin 1947), estableciendo las fronteras intelectuales de cada grupo a partir del conjunto de características que se deben cumplir para formar parte de él.

Al mismo tiempo se puede constatar un enfrentamiento por los modos de legitimación: los grupos excluidos dentro de un ámbito tienden a variar de acuerdo con la categoría profesional que domine a las demás – sea en número o sea en poder simbólico– y, en consecuencia, la historia y la configuración de cada espacio o instrumento de legitimación supone la expresión de los enfrentamientos entre categorías profesionales. Esta situación se observa claramente en la trayectoria de los Premios Nacionales a la Traducción, que pueden interpretarse a partir de la oposición entre dos grupos profesionales: «traductores» y «profesores universitarios» (filólogos). Las disposiciones y expectativas adquiridas durante la trayectoria de socialización se manifiestan como otra forma de «gate–keeping» cuando se ponen al servicio de una labor de legitimación institucional: al preferir a los miembros de su misma categoría profesional, los jurados están contribuyendo, de manera consciente o inconsciente, a que una tarea intelectual poco definida –como es habitual en toda profesión creativa– se presente como privativa de un modo concreto de profesionalización. En otras palabras: cuanto mayor sea el peso de una cierta categoría profesional en el conjunto de premiados, más evidente parecerá al conjunto del campo que hay una relación directa entre clase intelectual y valor de la producción.

La existencia de oposiciones entre grupos del campo intelectual no siempre se revela con claridad, ya que tales diferencias se expresan con frecuencia de manera indirecta, *sublimada,* conforme al tipo de discurso legítimo del campo (Bourdieu 1979 [2007]: 578). La hipótesis de una relación entre la clasificación social de un sujeto, el tipo de discurso que se genera acerca de él y los procesos de sublimación del campo había sido ya apuntada por Bourdieu en una investigación sobre la enseñanza (Bourdieu & de Saint Martin 1975), donde demostraba que los conceptos empleados por un profesor del curso preparatorio de una institución de élite (la École Normale Supérieure) al valorar los trabajos de sus alumnos guardaban correlación con el origen social de éstos: en primer lugar, los calificativos favorables eran más frecuentes a medida que el origen social del alumno era más alto; en segundo lugar, los calificativos se asociaban en cierto modo con el estereotipo de cada grupo social (los trabajos de los estudiantes de clases inferiores eran «mediocres», «vulgares» o «humildes», los estudiantes venidos de la clase dominante eran «brillantes», «creativos», etc.); en tercer lugar, los conocimientos proporcionados por el sistema de enseñanza eran considerados por el propio sistema como demasiado básicos y limitados, de manera que adjetivos como «escolar» se empleaban con sentido despectivo. El campo donde se producían estas valoraciones –la enseñanza universitaria– imponía una censura específica por la cual los conceptos de categorización nunca parecían referirse a la extracción social del estudiante, sino tan sólo a su producción; de este modo, el juicio social quedaba siempre oculto por el juicio educativo.

El uso de un concepto en apariencia neutral puede encubrir, en consecuencia, una serie de expectativas muy precisas: el sentido de lo que se está afirmando, la connotación que revela ese término sólo se comprende al confrontar su uso con la configuración del ámbito. Esta proposición resulta de gran utilidad para profundizar en las relaciones entre clases intelectuales y condicionantes sociales: puesto que los campos artísticos se constituyen por una negación material y simbólica de las reglamentaciones externas, ese rechazo de la sociedad pueda emerger, de manera claramente psicoanalítica, a través de la terminología propia del campo.

Como ya había apuntado en otros lugares (Fernández 2011a, 2011b), en las críticas de traducciones literarias es frecuente el uso, supuestamente elogioso, de algunos términos relativos a la «profesionalidad»: referencias al «cuidado», la «escrupulosidad», el «rigor» o el «buen hacer». El empleo de estos conceptos parece indicar, sin embargo, un tipo diverso de presuposiciones: en la medida en que se alaba lo que, teóricamente, debe darse por descontado –es decir, que una traducción publicada sea «profesional» y «cuidadosa»–, cabe intuir que, entre las principales expectativas de los lectores, se halla justamente la idea contraria, es decir, la probabilidad de que la traducción evidencie falta de profesionalidad.

A partir de esta premisa, se procedió a codificar al corpus de críticas de prensa ya citado los conceptos empleados para valorar la traducción («excelente», «descuidada», «profesional», etc.) y se cruzó esta variable con el estatuto de los autores de las traducciones[23]. El análisis de esta correlación hacía evidente una oposición fundamental para el campo: el elogio relacionado con el cumplimiento de las normas se oponía al elogio relacionado con la libertad personal. A la categoría mejor valorada, el «poeta», se asociaban los conceptos del «gusto» y el «espíritu» («sensibilidad», «exquisito», «valentía», «óptimo», «finura») o, llegando a lo tautológico, de «lo literario» («poético»); por el contrario, la categoría peor valorada, el «traductor», se construía como representación de lo «laborioso», a quien se asociaba la torpeza («rigidez», «aspereza», «apresurado») y el esfuerzo («decoroso», «constancia», «digno»). En un término medio, la categoría «traductor veterano» compartía calificativos con el «traductor», ya que participaba de las valoraciones negativas o

---

23 En Fernández 2011a puede consultarse una representación gráfica de este cotejo realizada a partir de un análisis estadístico.

asociadas al cumplimiento del trabajo («escrupuloso», «esfuerzo», «solvencia»), y con el «poeta», al asociarse a señales de técnica («naturalidad», «maestría»).

¿Qué implicaciones se pueden inferir de esta estructura? De manera muy relevante, la relación entre preferencias, clases intelectuales y categorías conceptuales revela una continuidad *cognitiva* entre el conjunto de la sociedad y el campo estudiado: la jerarquía social basada en las clases se refracta dentro del campo literario y del subcampo de la traducción, dando lugar a una jerarquía de connotaciones semejantes –la clase baja es «laboriosa», «torpe», carece de «finura», mientras que la clase dominante es «creativa» y «espiritual»–, aunque basada en el estatuto intelectual, que articula elementos profesionales con elementos elusivos, supuestamente innatos, como el talento o la creatividad. En la medida en que las categorías de clasificación son el producto de las estructuras sociales donde actúan los sujetos (Durkheim & Mauss 1903 [1974]), la continuidad de estas jerarquías apunta a la función central del habitus: la experiencia adquirida histórica y socialmente produce los esquemas de pensamiento que los sujetos aplican al mundo social; por tanto, al compartir un mismo origen cognitivo, las connotaciones de una escala o estructura tienden a mantenerse aunque se apliquen a campos disímiles. Al poner «entre paréntesis» el contenido nocional de los campos, queda al descubierto el hábito mental que vuelve comparables distintos ámbitos de la realidad social (Bourdieu 1967: 136–137): de ahí que los participantes en el campo literario, a pesar de la reivindicación de autonomía que caracteriza este ámbito, estén aplicando en su espacio simbólico las mismas oposiciones que estructuran la sociedad, es decir, la existencia de una jerarquía en la que lo «alto» se opone a lo «bajo», lo «noble» a lo «vulgar». La censura ejercida por los mecanismos discursivos del campo oculta, de ese modo, el elemento común a la actividad social: sin ser conscientes de ello, los participantes en un campo artístico lo conceptualizan en términos jerárquicos y, por tanto, de dominación.

Habitus de género y construcción de las expectativas profesionales

El segundo eje de análisis indispensable para comprender de qué manera un campo puede refractar una visión global de la sociedad es el sexo, que constituye el principal factor de oposición y desigualdad en la realidad social. Además, el sexo es un factor claramente relacionado con las variables profesionales, ya que supone un elemento determinante en la construcción del mercado laboral:

- las profesiones tienden a considerarse «masculinas» o «femeninas» (Anker 1998 [2001]: 250–296) de acuerdo con los estereotipos sexuales de cada sociedad.
- existe una doble segregación horizontal y vertical del mercado de trabajo (Ibáñez Pascual 2008), dado que las mujeres tienden a concentrarse en profesiones «femeninas» y en puestos de menor responsabilidad e ingresos.
- la estructura del mercado tiende a reproducirse, puesto que la elección ocupacional es emulativa y las personas jóvenes tienden a elegir estudios donde haya referentes de su propio sexo (Cockburn 1987).

Las profesiones artísticas constituyen un ámbito de segregación sexual especialmente notable: si bien las mujeres predominan entre los amateurs, entre los practicantes no profesionales de las artes, su acceso al estatuto profesional se revela de especial dificultad (Cacouault–Bitaud & Ravet 2008). La traducción constituye en tal contexto una labor de considerable repercusión, pues su estatuto de tarea considerada «poco creativa» y «dominada» frente a la escritura ha servido históricamente como modo de acceso indirecto de la mujer al campo literario (Sirois 1997, Agorni 2005, Matter–Seibel 2006, Kalinowski 2007): la concepción social de la traducción como labor pasiva, *reproductiva*, opuesta a la escritura como producción o *generación* activa (Chamberlain 1988) la volvía socialmente apta para las mujeres, lo que les permitía, por un lado, la adquisición de un capital literario que les estaba vetado y, por otro, la introducción de ideas que no hubiesen sido aceptadas en una obra propia. La traducción, de este modo, se configuró de acuerdo con la estructura de dominación social: su estatuto de tarea «secundaria» en la sociedad la volvía afín a un grupo considerado «secundario».

Como en la hipótesis previa sobre los condicionantes intelectuales, la relación entre sexo y campo literario–traductor se aplicó a dos grupos de materiales considerados «legítimos» –críticas de traducciones publicadas en prensa y premios institucionales a la traducción–, que se complementaron con las estadísticas de las dos ediciones del *Libro Blanco de la Traducción Editorial en España* (Macías Sistiaga, Fernández Cid & Martín Caño 1997; Marinas 2010) y con un conjunto propio de entrevistas a traductoras profesionales.

El punto de partida para el análisis fue la comprobación de una primera desigualdad estructural: la traducción editorial es una profesión feminizada, ya que las mujeres son mayoritarias en el sector (57,8%); las trayectorias femeninas, sin embargo, suelen estar menos legitimadas dentro del campo, puesto que sus traducciones suelen pasar inadvertidas en la prensa (reciben pocas valoraciones, tanto positivas como negativas) y su presencia es exigua en los premios institucionales (15% del total).

El estudio combinado de materiales cualitativos y cuantitativos permitió aislar una serie de factores que contribuirían a explicar esta oposición:

– las traductoras suelen predominar en los géneros de mayor rendimiento comercial (narrativa, divulgación, autoayuda), mientras que los traductores tienden a orientarse hacia los géneros de mayor capital literario, como la poesía, considerados más «formales» y «nobles». En la medida en que las obras comerciales se consideran «menos legítimas», reciben menos atención tanto de la crítica –el discurso legítimo por excelencia de un campo artístico– como de las instituciones.

– las mujeres no sólo son mayoritarias en el sector de la traducción profesional, sino que tienen un mayor grado de dedicación exclusiva, es decir, las mujeres que se dedican a la traducción editorial no suelen compaginarla con otras profesiones (escritura, edición, enseñanza), a diferencia de los hombres. Como se apuntó en la sección previa, la mayor implicación en el campo literario, de una parte, y en el universitario, de otra, constituyen factores de importancia para obtener un mayor reconocimiento en la tarea traductora.

– las traductoras tienden a tener mayor presencia en los géneros legítimos a medida que decrece la centralidad de la lengua de partida, de

69

forma que suelen destacar en lenguas periféricas o semi–periféricas (hebreo, checo, húngaro, ruso, árabe). La presencia masculina es dominante en las lenguas de alto capital literario, filosófico y cultural, como el alemán, el latín y el griego, que tienen además un importante peso en los premios institucionales. Aunque la constatación de estos factores no revela de manera clara el conjunto de mecanismos que posibilitan la dominación masculina, sí que permite plantear algunas hipótesis a partir de la configuración del mercado laboral, la noción de «multiposicionalidad» y el condicionamiento de las expectativas a través del habitus.

En primer lugar, es necesario plantearse por qué razón las mujeres se centran en textos de menor consideración «culta», que no serían tratados por la crítica o en los que la traducción no se consideraría un factor importante, mientras los hombres suelen dedicarse a la traducción de aquellas obras consideradas «legítimas». La feminización del sector proporcionaría un argumento a este respecto: la escasa remuneración de la traducción editorial en España (Macías Sistiaga, Fernández Cid & Martín Caño 1997; Marinas 2010) constituye un factor estructural que dificulta el criterio de selección de los profesionales (entre los que las mujeres son mayoría), ya que por razones de rentabilidad económica resulta necesario simultanear obras de diverso tipo. Asimismo, la mayor carga familiar femenina (Papí & Frau 2005) podría constituir un segundo factor que limite la posibilidad de elección, como apuntaba una traductora encuestada con 25 años de experiencia profesional:

> Si pienso en mi carrera, por ejemplo… durante unos cuantos años, pocos, he preferido tener… traducciones fáciles… porque bastante lío tenía con mis niñas pequeñas. Y puedo concebir que esa actitud en muchas mujeres se prolongue durante mucho tiempo (Traductora 2).

La implicación profesional de la mujer también podría analizarse por oposición al concepto de «multiposicionalidad» (Boltanski 1973), es decir, la condición de aquellos sujetos que están presentes a la vez en múltiples campos o sub–campos. La multiposicionalidad es una característica frecuente en las clases dominantes, pues permite rentabilizar (y reforzar) en distintos campos o sectores el capital adquirido en uno de ellos. En este caso, la multiposicionalidad se comprobaría en el hecho, ya indicado, de que los traductores con «posiciones» en el campo literario o en el universitario tienden a recibir mayores reconocimientos en su tarea traductora; por su dedicación profesional exclusiva, las traductoras carecen de posiciones múltiples y, por tanto, no acumulan ese capital cultural que puede influir en la producción del valor. En esta línea se manifestaban dos de las traductoras encuestadas:

[...] no sé si los editores se paran a pensar si su traductor es hombre o mujer, lo que sí me parece es que, en general, los hombres que se dedican a la traducción se dan más aires intelectuales (o son verdaderos intelectuales), mientras que las mujeres teorizan menos (siempre hay excepciones, desde luego), y eso puede dar lugar a que un editor se deje impresionar más por un traductor que por una traductora de calidad comparable pero que se dé menos aires.

(Traductora 1)

Lo de los premios yo lo relaciono más bien con una tendencia general al hecho de que las mujeres en este país no ocupan altos cargos, y el de catedrático es un alto cargo dentro de la Academia, y el premio suele concederse a catedráticos o similares (siempre hombres, es cierto) bien por razones políticas o de prestigio, bien porque no son traductores intensivos sino esporádicos [...].

(Traductora 3)

Por último, ha de considerarse el modo en que cada grupo se implica laboralmente, es decir, qué razones motivan a uno y otro sexo en su elección profesional, que suele estar condicionada igualmente por la tradición y por el carácter social de las expectativas. Un estudio realizado en los Países Bajos (De Jong 1999) señalaba que las traductoras tendían a implicarse más en su trabajo por motivaciones *intrínsecas* –el trabajo «en sí», sus características, el interés o satisfacción que les aportaba–, mientras que los traductores valoraban más aquellas *extrínsecas*, es decir, los beneficios que el trabajo les proporcionaba en términos de ganancias o reconocimiento social. Estas diferencias de motivación fueron apuntadas también por una de las traductoras entrevistadas:

Sí... los pocos hombres que se dedican a esto tienen carreras más brillantes que la media. [...] No creo que sea exactamente porque ellas tienen más trabas sino porque ellos lo tienen... más claro. Si no ven perspectivas de buenos ingresos o una carrera brillante, lo dejan. Quiero decir, que el nivel de exigencia de las mujeres es menor en todos los sentidos... Porque es una actividad complementaria a otras profesiones, porque necesitan los ingresos desesperadamente... es fácil que la mujer trabaje a destajo sin plantearse demasiadas cosas... En cambio, veo en los varones... más afán de hacer currículum, de ganar el Premio Nacional, de tener una carrera académica...

(Traductora 1)

Podría apuntarse, por tanto, como hipótesis para futuros estudios una tendencia entre las mujeres a valorar la profesión en sí misma y a considerar más importante el trabajo que el prestigio derivado de él. Ahora bien, esta hipótesis debe desligarse por completo de cualquier explicación tradicional que pretenda «naturalizar» lo social y relacionar esta tendencia con alguna supuesta «característica» del sexo femenino (mayor «racionalismo», «sensatez»). Desde un planteamiento sociológico, es indispensable explicar la concepción de la profesión a partir de los condicionantes sociales y la configuración del mercado: la estructura social de posibilidades que encuentran los distintos sujetos define hasta cierto punto las expectativas en torno a aquello que considerarán «posible» o «imposible». Si se considera la entrada históricamente tardía de las mujeres al mercado laboral y, en especial, su difícil acceso a las profesiones artísticas e intelectuales, parecería factible considerar que sus expectativas estén más condicionadas por las posibilidades que por los rendimientos asociados (Bourdieu 1980: 108; 1998 [2002]: 80–83) y, en consecuencia, que la gestión de sus carreras se plantee a partir de criterios distintos a los de sus compañeros varones[24]. De este modo, la actitud de las mujeres ante la profesión –su preferencia por la accesibilidad, las motivaciones intrínsecas– sería la encarnación de la trayectoria social en las disposiciones de un habitus de género.

---

24 Esta posibilidad ha sido sugerida también por dos estudios recientes sobre las intérpretes de música clásica en Francia (Ravet 2003, 2007): a diferencia de los varones, las mujeres tienden a considerar el acceso a la orquesta como un éxito «en sí mismo», dadas las dificultades de selección; asimismo, las mujeres plantean su vida familiar (cónyuge e hijos) como un factor importante para tomar decisiones laborales.

El gusto, una estructura social incorporada

Oponiéndose tanto al discurso letrado –que convierte la hegemonía de una clase social en categoría común a todos los sujetos– como al saber popular –que confunde la diversidad de los individuos con la ausencia de estructuras subyacentes– la sociología crítica permite comprobar que el «gusto» es una disposición adquirida socialmente, establecida en torno a formaciones de grupo o de clase (intelectual) y organizada en torno a unas jerarquías sociales.

Los dos análisis comparados en este capítulo constituyen un acercamiento a esta problemática desde la perspectiva de un campo artístico, que permiten refrendar la condición social del gusto y sugerir, al mismo tiempo, posibles terrenos para la sociología aplicada a la traducción. En primer lugar, el análisis de los ámbitos de legitimación reveló una marcada tendencia a la aprobación entre grupos afines (una forma, en suma, de universalización del gusto propio) y un relativo rechazo respecto a clases ajenas (entendido, por tanto, como una defensa de la exclusividad de los conocimientos adquiridos); asimismo, el mantenimiento de las tendencias a través de los ámbitos estudiados mostró que los distintos grupos profesionales, a la vez que juzgan y valoran, también compiten por los mecanismos de consagración disponibles. Cabría, de este modo, replantear y prolongar la hipótesis de una *variación grupal* de las normas de traducción (Sapiro 2008): tanto las normas seguidas por el traductor como las aplicadas por el lector o evaluador a la hora de juzgar el texto, varían y se establecen (de manera tal vez inconsciente, es decir, educada, adquirida) de acuerdo con el origen, la «clase intelectual» de la que proceden ambos. Asimismo, la existencia de jerarquías intelectuales –que pueden variar de un ámbito a otro, como se observó al confrontar campo literario y ámbito institucional– sugiere que, a diferencia de lo planteado por Gideon Toury, las normas no se «negocian» o, en todo caso, se negocian entre grupos sociales con una gran asimetría de poder (social y/o simbólico), lo que conduce a una prevalencia de las normas y regularidades seguidas por el grupo dominante. El hecho de que los traductores se sitúen como un grupo sin terreno propio –dominados por igual en el campo universitario y literario– parece indicar, en consecuencia, que su capacidad para la imposición de normas es reducida.

En segundo lugar, la constatación de que el espacio social y el espacio del campo intelectual se estructuran a partir del mismo sistema de oposiciones –la «distinción» y «elegancia» de la clase alta, la «torpeza» y el «esfuerzo» de la clase baja– plantea un eje de estudio del ámbito profesional y editorial en términos de dominación de género. Las connotaciones de «inferioridad» y «superioridad» no sólo se establecerían en una escala de profesiones, sino que, en el interior de ella, se delimitaría una oposición basada en estereotipos sexuales: a la vez que los traductores se constituirían como grupo social dominado en el ámbito literario y universitario, las traductoras formarían «un grupo dominado dentro de los dominados» (Kalinowski 2002: 53). Esta división refrenda una tendencia comprobada en otros ámbitos laborales (Maruani & Nicole 1989): una mayor implicación profesional de las mujeres no va acompañada de un mayor reconocimiento, sino, por el contrario, de una concentración en las posiciones menos valoradas del sector. Aunque la traducción haya servido como mecanismo de acceso de las mujeres al sector literario y que esta tendencia, como muestran los datos, se siga manteniendo en la actualidad con una feminización del sector, la profesión se construye a través de una relación de desigualdad sexual: en tanto que labor intelectual escasamente definida, sus rendimientos económicos son bajos y son las mujeres quienes predominan en la profesión; en cambio, en tanto que tarea relacionada con la literatura y la cultura, sus rendimientos simbólicos –premios, becas, obras canónicas– demuestran ser más altos y son los hombres quienes tienden a monopolizarlos.

La interacción, por último, entre géneros «legítimos», gusto de clase y jerarquía intelectual permite enfocar las características, raramente percibidas, que determinan el proceso de construcción social del «valor» de los productos artísticos, transformando por completo la noción de «calidad». El ejercicio del gusto se produce en la confrontación entre las disposiciones adquiridas y las características, tanto materiales como *sociales*, del objeto juzgado; en consecuencia, la legitimidad de las prácticas y el capital asociado al autor influyen en el proceso de valoración de un texto. Al mismo tiempo, de la misma manera que existen ciertos usos fonéticos, léxicos y sintácticos asociados a grupos y clases sociales que orientan la reacción de los hablantes al reconocerlos, cabría plantearse si la presencia u omisión de ciertas disposiciones en el texto –ciertos términos especializados, la «fluidez» de redacción– sitúa al lector ante la «clase intelectual» a la que pertenece el traductor, dando al conjunto de la traducción una imagen clasificatoria que se impone a sus posibles detalles o errores.

5. Expresiones de lugar: discurso crítico y poder simbólico

En el café adonde tengo costumbre de ir hay una levita que forma parte del mobiliario. Es la levita del «Herr Direktor». Cuando «Herr Direktor» sale de paseo, el portero se introduce, respetuosamente, dentro de la levita, y asciende de categoría. Es un «Herr Direktor» a su vez.

(Camba 1962: 98)

Imaginemos que, paseando por mi barrio, veo de repente a un policía que corre detrás de un joven, lo agarra con brusquedad y lo derriba. Añadamos a esa escena algún detalle que haga aún más difícil de comprender la irrupción de la brutalidad: sé quién es el joven, he hablado con él en ocasiones, ha trabajado con algún amigo mío... ¿Cuál sería mi reacción? Transformemos ahora el suceso: retiremos mentalmente al policía, sustituyámoslo por un individuo cualquiera, indeterminado, que agrede al joven que conozco. ¿De qué manera se alterarían mis perspectivas? ¿Por qué sé, por ejemplo, que si decido interponerme entre agresor y agredido las consecuencias sociales de mi acción pueden ser muy distintas en uno y otro caso? ¿Por qué el uso de mi presencia corporal me parece improbable en uno de los contextos, mientras que puedo concebirlo como un recurso hipotético en el otro? Max Weber lo explicó hace aproximadamente un siglo: el Estado posee el monopolio de la violencia *legítima* (Weber 1922 [1980]: 821–825), el ejercicio de la violencia es una capacidad que viene definida y justificada en la propia existencia institucional del Estado. Y esa es la condición por la que –en términos legales, ya que no morales– la acción del policía estaría permitida al tiempo que se condenaría mi decisión de reaccionar en forma proporcional: se asume que hay una justificación para su violencia porque el policía no es, en este caso, un individuo, sino un representante, un *cuerpo* del Estado[25].

En cualquier situación de la vida social, el ejercicio del poder no puede existir sin unas estructuras simbólicas y materiales que lo permitan: sea a través de la coacción, de la aceptación voluntaria o, con mayor frecuencia, de la familiaridad con un cierto orden y unas ciertas disposiciones que ha hecho de ellas algo «normal», la dominación de unos grupos sobre otros no puede producirse sin ese conjunto de estructuras que legitiman el poder y el orden institucional dándoles «sentido» (Berger & Luckmann 1967 [2005]: 119–120), otorgándoles un significado social y una validez. Por medio de esas estructuras, la realidad social adquiere una apariencia objetiva que la «naturaliza» y oculta su carácter de construcción humana (Durkheim 1894 [1988]: 77–91; Berger & Luckmann 1967 [2005]: 80–81). De esa naturalización depende en gran medida la durabilidad de un orden social: cuanto más normalizado esté el comportamiento, cuanto mayor sea la coherencia entre las estructuras sociales y las disposiciones de los individuos, más *legítimo* parecerá ese orden y menor resistencia encontrará. Los mecanismos que permiten la dominación social, por tanto, no han de buscarse tan sólo en medidas punitivas o en aceptaciones más o menos racionales: la dominación se establece en la *práctica*, en el proceso disciplinar y conductual sobre los individuos, en las disposiciones que se inculcan y adquieren al pasar por los distintos campos e instituciones que, en su apariencia de neutralidad, acotan, modelan y restringen el comportamiento.

Desde esta perspectiva se plantea, en primer lugar, que para el mantenimiento del orden social resulta tan importante el control de la violencia simbólica como el de la violencia física: los continuos debates que suscita, por ejemplo, el sistema de enseñanza se deben justamente a su labor central en la reproducción de la ideología dominante, de las desigualdades y de las conductas sociales (Bourdieu & Passeron 1970). A través de estos procesos, todas las actividades se pueden estructurar mediante relaciones de dominación, generalmente disimuladas o transfor-

---

25   Si bien en nuestras sociedades la idea de un «monopolio de la violencia legítima» provoca sin duda resonancias inquietantes, no conviene olvidar que la *incapacidad* del estado para mantener ese monopolio es, precisamente, una de las características de los llamados «estados fallidos» o, yendo a ejemplos históricos, la que precedió a la caída de la República de Weimar o la Segunda República Española.

madas en relaciones propias a esa actividad: el poder simbólico se basa en un «simbolismo del poder» (Bourdieu 1982: 73–74), en unos atributos que lo hacen reconocible y que marcan la distancia social entre los interlocutores, como puede ocurrir con elementos tan «neutros», en apariencia, como un determinado acento en una lengua o el uso de una jerga especializada. Para ello, los campos requieren procesos de legitimación basados en la especialización profesional e intelectual que los presenten, delimiten y justifiquen (Bourdieu 1994: 149–167); de ahí que, en ocasiones, la legitimación puede adquirir cierto grado de autonomía respecto a las instituciones legitimadas, en la medida en que las teorías y los discursos son desarrollados por especialistas con dedicación exclusiva.

La presentación personal como fundamentación del poder simbólico

En el ámbito de las artes, fuertemente basadas en la valoración entre iguales, el poder simbólico y el discurso de legitimación son fundamentales para la estructura de cada campo. Por un lado, el poder material ha de atravesar procesos de refracción para generar un beneficio simbólico que los participantes reconozcan: el capital económico de un editor ha de manifestarse en el desinterés que le mueve a gastarlo en una obra artística, del mismo modo que la fuerza jerárquica de un catedrático universitario se disimula a la vez que se justifica mediante un premio institucional. Por otro lado, las tomas de posición de los participantes tienen un valor dual: las preferencias, los apoyos, los juicios críticos que dan su sentido a un campo artístico –«excepcional artista», «una exposición mediocre», «la mayor contribución»– no son meras valoraciones, sino también la afirmación de la autoridad personal que permite producirlas. Dado que un campo artístico no está estructurado según el sistema burocrático de «cargos» que predomina en el conjunto de la sociedad, cada participante tiene que legitimar su posición a través del discurso, a través de sus decisiones, a través de la reivindicación de un criterio.

En la medida, por tanto, en que el juicio artístico no suele definirse por hechos ni características *cuantificables*, sino por la producción de una creencia que se ajuste a las condiciones del campo, los participantes dependen de su capacidad para presentarse ante el resto, para construir una narración de sí mismos que les otorgue la aprobación y la confianza de otros. En un campo artístico, opinar es también presentarse, hablar de otros es hablar de sí, *valorar es valorarse*. Un modo central de legitimación en el campo artístico consiste precisamente en *narrarse*, en construir un relato de la capacidad personal, en acentuar aquellos sucesos o momentos de la biografía personal que pueden favorecer la imagen del sujeto ante otros participantes y predisponer, de esa forma, al receptor ante la capacidad de quien habla.

El discurso crítico en torno a las artes recurre en ocasiones a un tipo preciso de estrategia basada en la referencia a la formación personal: por analogía con la «novela de formación», con la *Bildungsroman*, el autor se legitima a través de los lugares de su trayectoria, los hechos relevantes o las personas que conoció. Esta presentación resulta de especial pertinencia cuando se analiza la recepción de obras literarias y filosóficas traducidas o importadas de otros países: puesto que, según la expresión de Marx y Engels, con el texto no se trasladan sus condiciones sociales, el crítico o analista de la obra ha de probar su conocimiento del campo de origen, pero al hacerlo también posee la capacidad para seleccionar la información que proporciona. Así se hacen presentes en el discurso crítico una serie de hechos y de datos que actúan como elementos deícticos: no remiten a la obra analizada, sino a quien escribe sobre ella. Al enmarcar la obra, el crítico está mostrando a los lectores su capital cultural, el origen de su legitimidad:

> Cuando hace unos años tuve la gran suerte de conocer a Henry Roth, postrado en la cama del hospital de Albuquerque a causa de una hamburguesa en mal estado, me aseguró que dejaba material más que suficiente para que los lectores siguiéramos leyendo obras suyas durante mucho tiempo. Y así es, desde su fallecimiento ya se han publicado dos volúmenes de *A merced de una corriente salvaje*, el título o epígrafe bajo el que se agrupan lo que serán las seis entregas de su autobiografía novelada.

(Gurpegui 2001a)

Pocos libros, si alguno, ha tenido una presencia tan importante a lo largo de mi vida como el *Ulises* de James Joyce. [...] Mi primera lectura completa fue en Génova, frente al mar de Pegli, en la versión de Giorgio Melchiori. Durante mis dos años como lector de español en el Trinity College de Dublín viví frente al mar, en el joyceano Sandymount. Pese a las dificultades por obtener el libro (eran los años del intransigente De Valera y su brazo derecho el arzobispo de Dublín), pude leerlo por fin en la versión original. Añado que fue una tarjeta de presentación de Joyce la que abrió el camino para la amistad de mi mentor Juan Ramón Masoliver con Ezra Pound.

(Masoliver Ródenas 2003)

No hace mucho, el Fondo de Cultura Económica publicó la traducción del curso titulado *La hermenéutica del sujeto* (México, 2002). Yo asistí a ese curso y recuerdo que Foucault hablaba delante de un auténtico enjambre de magnetófonos y rememoro además que ya entonces pensé que esas grabaciones, tarde o temprano, acabarían siendo publicadas.

(Lynch 2004)

A principios de los noventa asistí a algunas clases de Derrida en París. En un enorme anfiteatro del Boulevard Raspail, el filósofo francés, desaparecido en el 2004, se sentaba ceremoniosamente, se quitaba una enorme bufanda roja y empezaba a hablar, desenlazando un discurso exigente y hermético. [...] El rigor metodológico de Derrida seducía. Pero el uso indiscriminado de conceptos no identificados, así como las dificultades para encontrar un sitio cómodo, me alejaron de sus clases.

(Pla 2006)

Todavía recuerdo su silueta espigada y quijotesca [de Ernst Bloch], al caer la tarde, recortándose en el cielo crepuscular de un día de otoño en Tübingen, una vez retornado a la Alemania Federal. Yo era entonces estudiante de filosofía y de literatura alemana (primero en Bonn, luego en Colonia; pasé unos días en esa hermosa ciudad en la que Bloch era *magister*).

(Trías 2006)

Aunque de escasa importancia para la comprensión de la obra, estas indicaciones revelan al lector la posición de quien habla; reelaborando la escena del juicio a Joseph Brodsky, puede entenderse que el discurso crítico responde con estos signos narrativos a una hipotética pregunta del receptor: «¿quién ha certificado que usted es crítico?»[26].

Los signos de conocimiento de otras lenguas constituyen otro recurso de legitimación en el discurso, ya que construyen la posición del hablante como individuo internacionalizado, que conecta el campo de producción y el de recepción. La referencia lingüística es una señal de jerarquía (Boltanski 1975), ya que establece un distanciamiento entre emisor y destinatario: «Para Bishop la poesía es "un misterio y una sorpresa" que se produce después de "a great deal of hard work"» (Siles 2002). Al mantenerse en la lengua original –reclamando la atención del lector a la vez que se le sitúa un condicionante cultural– una expresión común (*a great deal of hard work*: «un montón, mucho trabajo duro») puede alterar su valor simbólico y actuar como demostración de capital de quien la emplea. Del mismo modo que las narraciones de la propia trayectoria, con las que puede solaparse, la valoración e indicación lingüística contribuyen a reafirmar el rol de especialista:

Una última referencia a las traducciones de los títulos. El original ruso del primero es *Nepridumannoie*, «lo no inventado», a mi gusto preferible a *Sin inventar nada*. Un matiz. Peor es el caso del libro de [Götz] Aly, que en alemán se titula *Hitlers Volkstaat. Raub, Rassenkrieg und nationale Sozialismus*. Cualquier parecido con el título español [*La utopía nazi*] es pura coincidencia.

(Elorza 2006)

---

[26] En ocasiones la estrategia de legitimación del autor puede suscitar cierta incomodidad en el lector cuando se produce en textos de connotaciones morales, como los obituarios. Así comenzaba una crónica fúnebre publicada en el diario *El País*: «Antes de que en 1995 le dieran el Premio Nobel a Seamus Heaney, compré un libro suyo, *La linterna del espino,* editado con preciosa austeridad y elegancia por Faber & Faber, en 1987. Considero que en ese libro está lo mejor de Heaney». (Rupérez 2013). Si Marx sugería al inicio de *El Capital* que, en la historia económica, las generaciones presentes se ven a veces lastradas por la herencia de las anteriores, ya que «el muerto se aferra al vivo» (Marx 1867 [1957]: x), el discurso crítico puede generar capital literario basándose en el principio contrario.

La traducción es mejorable, sobre todo términos como *escort*, que bien hubiera podido traducirse como «acompañante» o «cicerone», y no como «escolta», pues tal fue mi agradable cometido en uno de sus viajes a España y [P.D.] James, a diferencia de Rushdie, no está amenazada ni corre peligro alguno.

(Gurpegui 2001b)

Aunque Catulo ha sido muy traducido al español (la nómina citada no es completa en lo antológico) muchas de las traducciones antiguas —*ad usum Delphini*, por la moral cristiana— evitaban al Catulo homoerótico y satírico finamente malhablado, al Catulo coloquial, vivo y rico. Yo hice, en 1979, una antología empezando en España ese camino.

(Villena 2006)

La estrategia de legitimación se construye asimismo a través de varios niveles, donde interaccionan agentes e instituciones para controlar los beneficios. Un reportaje de prensa sobre un autor considerado canónico, por ejemplo, implica diversos mecanismos de transferencia de capital dentro del campo:

El Nobel de Literatura Orhan Pamuk es un habitual de estas páginas. Sólo hace tres semanas *El Cultural* ofrecía en primicia los mejores tramos de su último libro, *Estambul*, junto a la crítica del máximo especialista en su obra, Germán Gullón, que ahora, con sosiego y rigor, repasa la trayectoria de este «héroe y víctima de la aldea global».

(Gullón 2006c)

En la triple tarea de presentación se construye la legitimidad de la publicación y del crítico, que presentan primeramente al autor premiado en tanto que confirmación y refrendo de su criterio («habitual de estas páginas»). Al mismo tiempo, presentando al crítico como experto –«máximo especialista en su obra»–, la institución lo *legitima*, reconociéndolo en un rol particular, y *se legitima*, definiéndose por el prestigio de sus colaboradores. En un tercer movimiento, el crítico se presenta a su vez como especialista recurriendo a signos de conocimiento lingüístico:

En el corazón de este libro late un sentimiento (*hüzün*), palabra imposible de traducir, pero que traduciremos como melancolía. El lector aprende desde las primeras páginas que el *hüzün* resulta tan inesquivable [*sic*] en Estambul como el aire de sus calles.

(Gullón 2006b)

La referencia a términos procedentes de una lengua lejana y considerada periférica en el sistema mundial resulta coherente con la imagen social del especialista y le proporciona otro mecanismo de legitimación. Asimismo, al incidir en matices y relaciones complejas, apelando a un matiz «intraducible» del término (*hüzün*), el signo lingüístico sugiere un conjunto previo de conocimientos, un dominio coherente con la capacidad del especialista. Sin embargo, la contextualización de la expresión puede revelar en ocasiones los límites de la estrategia. Así se expresaba en torno a la palabra *hüzün* el traductor español de Orhan Pamuk, Rafael Carpintero, profesor de la Universidad de Estambul:

> [...] se trata, en mi opinión, de una astuta operación de marketing por parte de Mondadori [editorial de Orhan Pamuk en España]. [...] «Hüzün» [...] sólo aparece sin traducir en el título [del capítulo], que yo, después de mucho pensármelo, traduje por «amargura» porque se precisa que es distinta de la melancolía [...]. Maureen Freely no lo tradujo en la versión inglesa (también es cierto que tiene frases como «the hüzün belongs to the cemaat») y al astuto italiano de Mondadori le debió parecer una buena idea. Y tuvo razón, porque dejaron el título en turco, en contra de mi opinión, pero consiguieron que llamara la atención de la gente. Dejándolo en turco se da la impresión de que, eso, es intraducible y todo el mundo (recuerdo, por ejemplo, a[l periodista] Juan Cruz también) aprovecha para decir «ah, en mi pueblo de Teruel pasa lo mismo, pero allí lo llamamos...» [...] [A]cabó siendo una forma de que se hablara del libro, que supongo que era lo que se pretendía.

(Carpintero, comunicación personal, 11 de agosto de 2008)

La confrontación entre los criterios lingüísticos de dos especialistas –el crítico literario, legitimado por la publicación crítica, y el traductor, experto en la lengua de partida– sitúa los matices de la referencia lingüística y, por tanto, de su sentido en el proceso de construcción social: el crítico se apoya en ella para definir la obra, pero al mismo tiempo legitima su criterio mediante la suposición de un mejor conocimiento del texto; el traductor, en cambio, delimita cómo el uso supuestamente neutral no se corresponde con una imposibilidad de la lengua, sino con una posibilidad comercial basada en el extrañamiento y el exotismo.

La autoridad del discurso

El ejercicio del poder requiere de quien lo emplea la producción de señales que demuestren su capacidad para seguir ejerciéndolo y para impedir la resistencia o aplacarla: la presencia de fuerzas del estado durante una manifestación contra el gobierno, la campaña publicitaria de una empresa detallando su cuenta de resultados o la modificación cíclica de los manuales, contenidos y planes de estudio pueden responder a muchas intenciones variables, pero todas se conectan con la demostración y el mantenimiento del poder.

No son distintos, en este sentido, los campos artísticos, donde el poder simbólico se basa en desigualdades de capital que deben legitimarse de manera continuada, en especial en aquellos periodos históricos en que el fundamento de legitimación puede hallarse en duda, como ocurre en los momentos de transformación de un determinado campo. Es pertinente, por tanto, comprender el discurso artístico dentro de una economía de los intercambios simbólicos: los textos nunca se configuran como simple conjunto de significados, pues en ellos se encuentran signos de *riqueza*, destinados a ser valorados, y signos de *autoridad*, destinados a ser creídos (Bourdieu 1982: 59–60). Las referencias estratégicas a la propia biografía crean una ficción de continuidad que justifica la posición de quien opina, dando a entender que todos esos momentos han sido necesarios para alcanzar esa posición de habla. Las menciones lingüísticas y formativas, con la sugerencia de un conocimiento que no se profundiza ni se desarrolla, se convierte en un símbolo del capital cultural poseído, de la misma manera que el logo en una prenda puede construirse como indicador económico de su portador.

6. La recepción como apropiación: el enfrentamiento por los conceptos

–Cuando uso una palabra –dijo Humpty Dumpty con tono más bien desdeñoso–, significa lo que deseo que signifique, ni más ni menos.

–La cuestión es –dijo Alicia– si *puedes* hacer que las palabras signifiquen tantas cosas distintas.

–La cuestión es –dijo Humpty Dumpty– quién manda aquí. Sólo eso.

(Carroll 1871 [2010]: 80)

«Los ciudadanos confían...». «Los españoles saben muy bien...». «Las cifras hablan por sí solas». «El verdadero objetivo...». «Nuestro partido defiende la libertad en todas sus formas». Una escucha, por distraída que sea, del discurso político identifica de continuo expresiones donde la descripción de un hecho oculta el intento por imponer una perspectiva en torno a él: ¿cómo es posible «hablar» por un colectivo, definir la «necesidad», presentar un acontecimiento sin darle un marco de interpretación? El lenguaje es uno de los principales instrumentos ideológicos precisamente por su apariencia neutral: se asume que las palabras no «pertenecen» a nadie, que una palabra «significa lo que significa», pero el *uso* constituye una forma de apropiación. Cada vez que se emplean determinadas palabras –«democracia», «país», «economía», «libertad»– como si tuvieran un significado fijo e incuestionable se está efectuando un acto ideológico: una interpretación se afirma para omitir, para negar al resto. Lograr que el discurso social parezca evidente, que los conceptos no planteen duda y que, por tanto, la narración de las condiciones sociales resulte incuestionable (Žižek 1994: 11): ese es –o pretendería ser– el triunfo de una ideología.

Los conflictos de definición, es decir, las luchas por establecer el «verdadero sentido» de los conceptos (Bourdieu 1992 [1998]: 310) suponen, en consecuencia, una constante de cualquier campo social y, especialmente, de los campos artísticos. En la medida en que los conceptos son «radicalmente indeterminados» (Wittgenstein 1970, Shusterman 1986), ya que carecen de «esencias» y poseen fronteras difusas, su significado siempre se produce de modo contextual, en un espacio concreto: el significado de un concepto es su uso o, más bien, su multiplicidad de usos. La vaguedad de los conceptos conduce así a un modelo *normativo* de definición: el empleo de un término –«justicia, «democracia»– implica la defensa de una determinada concepción del mismo (Van Dijk 1995: 141)[27].

Trasponiendo esta concepción a los campos artísticos se deduce, por tanto, que los conceptos sólo adquieren su significado por referencia a una teoría, una estética o una concepción previa que no necesariamente se explicita. Aunque la descripción de la experiencia estética se presenta como «inmediata» y «evidente», aquello que parece inmediato en ella está mediado por una determinada actitud ante el objeto (Bürger 1983 [1996]: 11): la variabilidad de la actitud estética *transforma* el objeto, al atribuirle una serie de valores y de características que cambian de acuerdo con el contexto delimitado por la época y el observador. De esta forma, la recepción de una obra –y, de manera notable, cuando es importada, cuando no se trasladan «sus condiciones materiales»– se constituye como un proceso de *apropiación*: los criterios aplicados y proyectados en su análisis siempre estarán condicionados por la posición de los observadores.

Este marco de trabajo permite prolongar la reflexión iniciada en el capítulo previo en torno al discurso artístico como instrumento de poder simbólico: del mismo modo que allí se planteó su función en la búsqueda de legitimidad, el análisis de los conceptos empleados permite iniciar una lectura del campo en términos de enfrentamiento y de oposición. En la medida en que cada participante del campo juzga el objeto a partir de las disposiciones adquiridas, las divergencias en el uso de los conceptos permiten analizar sus distintas posiciones, pero también las distintas

---

27 Recuérdese el intento de algunos políticos estadounidenses por cambiar el nombre de las patatas fritas tras la oposición del gobierno francés a la invasión de Iraq en 2003: de *French fries* («patatas francesas») a *freedom fries* («patatas de la libertad»). En su apariencia banal e incluso absurda, ese ejercicio de propaganda se basaba en una apropiación política del concepto de «libertad» que no sería posible si las fronteras de esta noción estuvieran delimitadas y fijadas.

estéticas presentes en el campo literario analizado, que se manifestarán en los diversos «significados» atribuidos por el uso.

El concepto como divergencia de significados

La premisa de que los conceptos empleados en el campo artístico sólo se comprenden por referencia a un marco ideológico o estético previo proporciona una herramienta de estudio relevante para dos direcciones de trabajo: el análisis de los usos conceptuales permite, por un lado, describir el campo de recepción y sus distintas estéticas a partir de las disposiciones adquiridas por los agentes, a la vez que, por otro, ofrece un parámetro distinto de lectura del discurso social acerca de la traducción. Por lo general, los acercamientos académicos al discurso no especializado sobre las traducciones se han limitado a criticar el carácter difuso y poco definido de los conceptos empleados (Reiss 1971 [1986]: 18–19, Vanderschelden 2000, Nord 2003) sin profundizar en las razones de estos usos. Este tipo de análisis pierde de vista por completo el componente social del conocimiento: el juicio en torno al uso «inadecuado» o «insuficiente» de los conceptos omite el doble hecho de que los agentes se consideran capacitados para usarlos y que, además, asumen la capacidad de los receptores para creer en ellos. Como se ha señalado, los conceptos (de valoración) se plantean a modo de conclusiones (Van Dijk 1995: 142): el uso de uno de ellos implica la identificación entre aquello que se valora y el «patrón» que se define en ese concepto. En consecuencia, cuando se dice de una traducción que es, por ejemplo, «fiel», «musical» o «correcta», no sólo se está definiendo ese texto, sino también lo que cada sujeto comprende en ese término y que establece, por tanto, como medida. Los conceptos sólo pueden comprenderse mediante la contextualización de los usos porque se produce una *transferencia* desde cada planteamiento estético a cada concepto: no se delimita el significado porque se considera que hay uno «correcto», dado a priori.

Las posibilidades de este enfoque se pueden observar recurriendo de nuevo al corpus de prensa empleado en capítulos previos y comparando las divergencias de uso entre los distintos agentes. En primer lugar se recurrirá al concepto de «fidelidad», que recorre la historia del discurso en torno a la traducción y cuyo uso se considera especialmente problemático, ya que la fidelidad sólo indica una relación entre el texto original y su traducción, pero no *el tipo* de relación, que es preciso definir (Hurtado 1990). El cotejo de sus distintos usos en el discurso crítico permite constatar esas oposiciones:

> Una comparación entre *El hombre de la guitarra azul* en la traducción de Jiménez Heffernan y la de Andrés Sánchez Robayna nos muestra a las claras la distancia entre sus formas de hacer. El verso del escritor canario no es menos preciso, pero (gracias a una hábil combinación de metros impares) gana en eufonía y ligereza rítmica y es más fiel a la sensualidad y riqueza de imágenes del universo de Stevens [...]

(Doce 2003)

> Desde luego, las versiones de Álvarez no son en absoluto literales, lo cual no quiere decir que no sean perfectamente fieles al significado que William Shakespeare quiso para sus poemas; pero lo más importante es la fidelidad para con la belleza y la emoción que rezuman los originales, y ahí es donde consigue el traductor, a través del realumbramiento de los sonetos, su mayor logro, el de hacer de Shakespeare un magnífico poeta también en español.

(Gallego 1999)

> Sería difícil encontrar para ellos mejor traductor que Antonio López Eire, catedrático de Filología Griega y autor de *Actualidad de la retórica*. Su fidelidad al griego logra en castellano una prosa bella y solemne, insólita –por desgracia– en nuestra oratoria.

(González Iglesias 1999)

> Las traducciones, desde la fiel de Ana María Moix a las impecables de J. Batlló y de Clara Janés [...]

(Izquierdo 2002)

Enrique Ocaña ha realizado una traducción excelente. Que no sólo trasvasa con fidelidad el contenido sino que está atenta a las cadencias y los matices, a las casi imperceptibles inflexiones de esa voz.

(Lanceros 2004)

Crespo partió en su versión de un principio novedoso: ser fiel al modo poético, ficticio, metafórico, descriptivo, digresivo, definitivo, divisivo, probativo y ejemplar. Así esta traducción, ya clásica y para mí definitiva, que apareció por primera vez en los años setenta, se mantiene fiel al espíritu del escritor, al sentido literal de la obra, a la métrica y la rima.

(Molina 2004)

Esta lejanía en el tiempo, en el espacio y en los códigos lingüísticos y retóricos de la poesía Tang ha hecho posible que las traducciones y adaptaciones occidentales apunten a horizontes estéticos distantes, si no contrapuestos. Anne–Hélène Suárez ha optado por la fidelidad al material imaginativo que se suscita en el poema.

(Ollé 2001)

Su poesía, con la que María Condor y Gustavo Falaquera han hecho lo que han podido, con aciertos y también con altibajos que a menudo pueden atribuirse a una fidelidad un poco literal [...]

(Pujol 2000a)

Luego han venido otras traducciones seguramente más fieles, pero la verdad es que ésta suena muy bien en español y contiene piezas clásicas.

(Rodríguez Marcos 2006)

La lectura comparada de los diferentes contextos permite, en primer lugar, corroborar la indeterminación del concepto, ya que la pluralidad de casos se produce en una ausencia de definición. Asimismo, puede observarse que cada uso del concepto se corresponde con planteamientos distintos respecto a los elementos centrales del texto: en la carencia de contenido o definición previa, la «fidelidad» se define en cada uso por aquello que cada crítico considera *merecedor de fidelidad* y, por tanto, cada uno de ellos revela –de manera más difusa o más precisa– una concepción estética y un planteamiento del proceso traductor. Las concepciones de la fidelidad «al contenido», al significado, alternan con aquellas que enfatizan «la letra», la disposición de la lengua de origen, o «la imagen», definiendo una prioridad en cada uno de los textos, de los juicios y, en suma, de las estéticas: la «fidelidad» se establece por aquello a lo que *debe* atender.

Igualmente importante resulta la oposición entre la «fidelidad» como elemento necesario o como elemento secundario, de forma que las defensas de la «fidelidad», en especial de contenido, contrastan con aquellos casos en que ésta se plantea como forma menor del acierto: así, se establece una gradación que va *desde* lo «fiel» *hasta* lo «impecable» (Izquierdo 2002); los desniveles de un texto se asocian a un peso excesivo de la «fidelidad» (Pujol 2000a); o se prefiere una traducción que «suena muy bien» frente a otras que se consideran probablemente más «fieles» (Rodríguez Marcos 2006).

En segundo lugar, la reivindicación de «fidelidad» tiende a asociarse con el proceso formativo del crítico y a exteriorizarse de acuerdo con la tendencia al «elogio entre afines» que se estudió en el capítulo 4: por una parte se observa la relevancia de las lenguas de especialización (filólogos clásicos, como González Iglesias, o sinólogos, como Ollé, que analizan tareas de otros especialistas); por otra, se hacen manifiestas las afinidades estéticas entre crítico y traductor, en especial cuando ambos son escritores. Estos ejemplos son notablemente claros cuando se amplía la red de textos que forman el discurso y se enlazan las valoraciones de calidad con otras declaraciones de preferencia: Vicente Gallego formula un modelo variable de «fidelidad» –no literal, sino «sensual»– ante la traducción de un poeta afín a su estética (José Mª Álvarez[28]); al presentar las

---

28   «[U]no de nuestros más destacados poetas actuales acomete la difícil tarea de traducir a quien es uno de los más grandes poetas de todos los tiempos, William Shakespeare [...]» (Gallego 1999)

traducciones de un especialista (Jiménez Heffernan) y de un poeta (Sánchez Robayna), Jordi Doce sitúa el paradigma de «fidelidad» en el método de éste último, autor de referencias estéticas cercanas[29]; igualmente, el crítico César Antonio Molina (2004) elogia la obra de Ángel Crespo[30] a la vez que sitúa su tarea traductora como paradigma de una «fidelidad» desplegada en un número difícilmente abarcable de facetas.

Un segundo concepto, parcialmente relacionado con la «fidelidad», que permite analizar la concentración de significados y, en especial, de connotaciones distintas en el uso de las valoraciones se halla en el ámbito de la «literalidad» y lo «literal»:

> Traducir para Valente es traicionar no el texto original, sino un concepto y una práctica de la traducción. [...] En ese sentido, la peor traición del traductor –y por desgracia casi siempre la más frecuente– no es faltar a la literalidad del texto, sino, precisamente, a la poesía, que desaparece del poema si en el proceso de traducción no se da esa necesaria, y a la vez tan difícil, transposición creadora de la que hablara Jakobson.

(Alegre Heitzmann 2002)

> Atreides maneja un amplio registro léxico —acaso un tanto permisivo en la invención de neologismos— y una encomiable y sostenida plasticidad; su versión es notablemente fiel sin incurrir en perífrasis, en literalidad ni en dureza de dicción.

(Dobry 2006)

«[...] cabe pensar, entonces, en unas afinidades muy concordantes que desde los grandes maestros, como Brines y Gil de Biedma, pasando por algunos 'novísimos', no pueden dejar de considerar como 'uno de los suyos' a Felipe Benítez Reyes, a Vicente Gallego o a Carlos Marzal» (Álvarez 2004: 506).

29   «[S]i algo ha caracterizado desde siempre a la poesía de Andrés Sánchez Robayna es su excepcional consistencia y coherencia. [...] [O]frece una de las experiencias lectoras más plenas que puedan darse actualmente en nuestra lengua» (Doce 1998: 119)

«Entre los poetas españoles dados a conocer en los últimos años, pocos como Jordi Doce (Gijón, 1967) han encontrado antes su propia voz y, más aún, su *latitud* en el marco presente de la escritura poética en lengua española» (Sánchez Robayna 2008).

30   «Fiel al texto, Crespo, uno de nuestros más grandes poetas del siglo XX, evitó toda veleidad exegética» (Molina 2004).

Refleja bien, con literalidad, y en un lenguaje actual, el estilo seco, preciso y escueto de estos apuntes de tan perdurable y eficaz influencia.

(García Gual 2000)

La edición y traducción de Mauro Armiño ofrece los textos en una versión limpia y ajustada al original en las prosas; las traducciones de los cuentos en verso son menos literales y están basadas en las de M. Domínguez (1879), como se constata.

(Gullón 2006a)

Esta búsqueda de las señas de identidad está narrada en un estilo descriptivo, de corte hemingwayano, que no se pretende poético pero que alcanza momentos de gran lirismo. Lástima que la traducción sea demasiado literal para el lector español, que tendrá que echar mano del diccionario, sobre todo si procede de medios urbanos.

(Lazcano 2001)

El trabajo de A. Agud y F. Rubio, sólidamente cimentado en la escuela de filología alemana, ofrece once de entre las Upanisad más clásicas (la totalidad de ellas, algunas muy recientes, llegan a más de un centenar) y constituye un encomiable intento de literalidad comprensiva.

(Maillard 2001)

Lo cierto es que mientras otras traducciones de Donne y compañía disparatan o arañan el oído (quizá con más literalidad y rigor filosófico, quién sabe), ésta del matrimonio Molho convence, que es lo que se trataba de demostrar; porque está hecha con gusto, cosa que no siempre pasa en las versiones poéticas, con sensibilidad [...]

(Pujol 2000b)

Esta traducción –honesta y casi literal– hecha por Guillermo F. Rojano viene a rescatar a un poeta al que casi toda la vanguardia hispánica, consciente o inconscientemente, imitó: basta ver las versiones de Cansinos–Assens y Guillermo de Torre aparecidas en la revista *Grecia*.

(Siles 2006)

Nuevamente el concepto varía de significado y de importancia según los usos, si bien pueden establecerse dos planteamientos mayoritarios: mientras ciertos críticos aluden a un énfasis del traductor en el «sentido» (por oposición a la forma), otros inciden en una reproducción (en ocasiones excesiva) de la estructura del texto original. Asimismo, la connotación varía con el propio uso, estableciéndose una oposición entre la «literalidad» como estrategia adecuada (asociada, en cierto modo, a la «fidelidad», al respeto) y como «torpeza» o falta de capacidad literaria; esta dualidad parece establecerse, por otra parte, en relación con dos enfoques de la traducción, que podrían analizarse como «polos» entre los que se situarían los diversos usos: el tratamiento «filológico» (García Gual, Gullón, Maillard) y el «poético» (Dobry, Pujol), que no dejarían de relacionarse, una vez más, con la trayectoria intelectual de los agentes. Este último aspecto –la importancia de la afinidad estética o intelectual entre crítico y traductor– vuelve a expresarse de diversas formas, como identificar el uso «correcto» o «incorrecto» del concepto empleado con la tarea de un determinado autor/traductor, como en la valoración que Alegre Heitzmann proporciona de José Ángel Valente (Premio Príncipe de Asturias en 1988 y Premio Reina Sofía en 1993).

El juicio estético como acto ideológico

Como el discurso político y social, el discurso del arte puede constituir un acto ideológico basado en la apropiación de los conceptos que lo constituyen. A partir de los «lugares comunes» del campo, del lenguaje aparentemente compartido, los agentes toman parte –de manera consciente o inconsciente– en un enfrentamiento por el «significado» de los

93

conceptos que constituye, en última instancia, un enfrentamiento por el poder simbólico, por la capacidad para ejercer la autoridad dentro del campo. No es posible referirse a un contenido «neutral» de los conceptos, ya que cada descripción siempre «forma parte de algún esquema argumentativo» (Žižek 1994: 11) que intenta imponer un conjunto de creencias a través del ocultamiento de sus mecanismos. Al emplear los conceptos del modo en que mejor se ajustan a sus disposiciones o intereses, es decir, al modificar la definición de lo compartido, cada participante está interviniendo sobre su propia posición (legitimando su criterio personal), sobre el valor de los productos (identificando sus características con las medidas establecidas como patrón) y sobre la misma estructura del campo (estableciendo la prioridad de una estética concreta sobre el resto).

De este modo se explica aquello que podría parecer una contradicción de la práctica entre la «indeterminación» de los conceptos y su uso por parte de los agentes. Aunque tal vez no fuesen capaces de expresar o definir su «contenido», los usuarios no sólo consideran que los conceptos tienen un significado, sino que su uso es evidente y que debe comprenderse por sí mismo, ya que implica la adhesión a una cierta visión del campo. En cada uso, el concepto «se fija» momentáneamente de acuerdo con la trayectoria personal (el habitus) y la formación estética de los distintos participantes en el campo literario. Al situar el enfoque de estudio en esa interacción entre sujeto y estructura, entre agente, habitus y campo, se puede analizar cómo varía el concepto de medida y, en consecuencia, el «valor» del objeto analizado y de sus características. Esas diferencias no son accesorias ni arbitrarias, sino que revelan la homología entre estructura objetiva y elección subjetiva: la posición del sujeto en el campo tiende a corresponderse con su planteamiento del mismo e influye en sus criterios y decisiones. Así el enfrentamiento por el lenguaje resulta ser una constatación del «efecto de campo» (Bourdieu 1984 [2002]: 117): no es posible comprender una obra ni su valor sin conocer la historia y el estado actual del campo simbólico estudiado. El significado de una acción, de una obra, de un concepto nunca está dado a priori, sino que se produce en esa interacción entre el espacio de posibilidades donde se lleva a cabo y las consecuencias y reacciones de la acción.

Conclusiones

Comenzaba este libro con una reivindicación que, a pesar de su coherencia, podía suscitar dudas en torno a su eficacia: aunque se admita que el
pensamiento crítico y la sociología siguen siendo importantes medios
defensivos en la sociedad globalizada, ¿qué función puede tener en ese
proceso el investigador, aquel que no habla como activista, sino desde el
ámbito de la universidad? A esa pregunta se ha intentado responder en
estas páginas con análisis, datos y conceptos que ayuden a situar un tipo
de investigación que, precisamente por su voluntad de compromiso, no
debe perder de vista cuál es su alcance. El conocimiento no constituye un
programa de acción, pero ha de preceder a la crítica para que esta sea
productiva: la denuncia «genérica» y de conceptos difusos se halla perfectamente integrada, asimilada y controlada en los procesos de dominación, justamente porque su ejercicio puede suponer un alivio ético, pero
rara vez afecta a la estructura.

Desde esta perspectiva, el investigador académico puede verse como
un colaborador de la transformación social, que contribuye a ella sin
tomar la voz de otros participantes. Hay en esa tarea política una forma
de refrenamiento, si se quiere: no se trata de formular la alternativa, sino
de «identificar el riesgo principal» (Foucault 1983[1997]: 256). Mientras
el intelectual «clásico» se sentía legitimado para hablar *desde* el conocimiento y *en nombre de* una causa, el investigador contemporáneo no
puede hacerlo sin incurrir en contradicción con sus propios conocimientos. Con esa cautela ética, esta obra ha tratado un conjunto de herramientas conceptuales que permiten prolongar el estudio de tres grandes «áreas
de riesgos», entendidas como zonas de ambigüedad donde no es posible
defender una solución, pero sí delimitar un conjunto de tensiones: la
globalización como enfrentamiento, la jerarquía cultural y la identidad
profesional.

*

La globalización cultural, como demuestran numerosas investigaciones, no es un proceso uniforme, sino un conjunto de variaciones nacionales. La dominación internacional no se reproduce de manera directa en los distintos espacios culturales: a pesar del creciente peso de lo supranacional y de los flujos de bienes culturales, cada espacio produce un tipo concreto de refracción condicionada por diversos factores (su historia, su tradición, su estructura de poder). Una globalización múltiple implica, por tanto, la necesidad de considerar cada campo cultural desde la misma prevención y minuciosidad con la que se analiza un terreno geopolítico.

Dado que el campo literario siempre ha tenido que gestionar su existencia «entre el estado y el mercado» (Sapiro 2003), cabe plantearse qué influencia tendrá en él un contexto político global que fomenta el retraimiento de los gobiernos frente a los mercados: si tradicionalmente la implicación estatal en la cultura ha estado cargada de ambigüedades ideológicas, su retirada de este ámbito conlleva la desaparición de programas institucionales, falta de inversión en servicios sociales (como las bibliotecas) o reducción de ayudas a la edición y a la traducción. De la función de los estados, por tanto, dependerá en buena medida la configuración editorial: como se apuntó en relación a las crisis editoriales latinoamericanas y a los programas de ayuda de diversos países, la apuesta por nuevos nichos de mercado, el incremento o descenso de determinadas lenguas o la recuperación de obras marginales respecto al canon oficial están relacionadas de manera decisiva con los distintos tipos de implicación de las instituciones nacionales y extranjeras.

Al mismo tiempo, se puede observar cómo la globalización está suscitando múltiples reacciones identitarias de signo y connotación muy diversa, ya que su único elemento común se encuentra en esa reivindicación de la «identidad»: basadas en marcos políticos dispares y articuladas en torno a proyectos tanto excluyentes como incluyentes, estas reacciones plantean nuevas formas de interacción entre lo internacional y lo local. Mientras algunas de esas reacciones se presentan, de forma evidente, como riesgos –las distintas variaciones de la xenofobia, desde sus encarnaciones directas a las más sutiles y oficializadas–, otras variantes de esta reacción cultural aún deben desarrollarse para que se pueda analizar en detalle su función social; así ocurre, acudiendo a un ejemplo cercano, con el movimiento de recuperación del regionalismo y de las tradiciones locales que empieza a percibirse en distintas artes españolas

–cine, música, literatura– y que parece situarse en un doble plano de renovación artística y de resistencia contra la uniformidad cultural.

*

Las nociones de «legitimidad» y de «jerarquía cultural» constituyen otro de los aspectos que se ha hecho presente en esta obra, a pesar de su supuesto declive como conceptos de análisis. En una línea de pensamiento postmoderna, la exitosa teoría del «omnivorismo cultural» de Richard Peterson rechazaba la jerarquía afirmando que, en las sociedades actuales, el consumo de bienes culturales resulta tan ecléctico y diverso que ya no es posible establecer una diferencia de prestigio entre el acceso a la «alta» y la «baja» cultura. El hecho de que esa frontera se haya desdibujado en ciertos grupos y lugares no conduce, pese a todo, a ninguno de los dos corolarios que se suelen deducir de tal premisa: ni la variedad implica de manera automática una «democratización cultural», ni elimina la existencia de jerarquías. Desde una sociología del gusto se insiste precisamente en que no son las características de los productos o de las actividades las que expresan una distinción social, sino la red de relaciones que se establecen entre los usuarios: que el squash o el pádel, por ejemplo, se convirtieran en indicadores de estatus económico dentro de ciertas sociedades para dejar de serlo posteriormente no sólo tiene poco que ver con sus características como deportes, sino que su propio proceso de «democratización» indica que otras prácticas están ocupando su lugar como signos de poder económico. La jerarquía no viene, por tanto, delimitada por los objetos o las prácticas, sino por la función que adquieren en cada sociedad

Aquello que se ha constatado en distintos puntos del análisis es que el proceso de importación y de recepción cultural implica a una serie de agentes con unas posiciones y unos intereses específicos dentro de un campo cultural donde las relaciones de poder no han desaparecido, sino que han adquirido una forma acorde a la estructura específica de este campo. A pesar de las reivindicaciones históricas de «autonomía» y de «libertad», el campo literario no es ajeno al ejercicio de autoridad social ni a las desigualdades o sesgos participativos: la preferencia hacia el trabajo desarrollado por sujetos con un perfil afín, por ejemplo, revela la importancia de la trayectoria, del «habitus» social y grupal en la formación del gusto, al igual que la estructura conceptual del campo y sus

97

connotaciones en torno a una clase «baja» y a otra «alta» dentro de las profesiones intelectuales reflejan la continuidad de un modo de pensamiento jerárquico. Conviene tener presente esta capacidad de refracción de lo social en un momento en que se reivindica, de manera casi arcádica, la capacidad de internet como espacio de «diversidad» y de «debate» que pueda asumir la función de numerosas instituciones culturales en declive dentro del campo literario. Dado que todo espacio de comunicación está estructurado, de una forma u otra, según relaciones de fuerza, es improbable que internet, más allá de diferencias y transformaciones puntuales, pueda funcionar como un espacio absoluto de «diálogo» ajeno a los condicionantes sociales. Según se ha mostrado, el debate cultural, la importación de bienes y la crítica tienden a basarse en ejercicios de violencia simbólica, en la imposición de significados, en enfrentamientos ideológicos y estéticos que adquieren la forma de luchas conceptuales. Sería muy ingenuo, en suma, suponer que las desigualdades y los mecanismos de legitimación vayan a desaparecer o a perder toda influencia a causa de una mera evolución técnica si esta no viene acompañada de una transformación social. Por otra parte, la tendencia a la individualización de la crítica puede interpretarse, en cierto sentido, como una independencia del sujeto ante las limitaciones de una empresa o publicación; sin embargo, al producirse en un espacio saturado de «información» – jerarquizada, a su vez, por flujos de visitas y estrategias de posicionamiento– la atomización podría debilitar aún más, por falta de alcance, la capacidad de la crítica para ejercer una tarea de mediación entre mercado y público.

*

Finalmente, el análisis del carácter subalterno de los traductores dentro del campo cultural y editorial deja apuntadas ciertas cuestiones en torno a la identidad profesional. Puesto que la legitimación (de una práctica, de un sujeto, de un grupo) depende en un alto grado de la capacidad que se posea para *producir* el discurso de legitimación, la construcción de una identidad discursiva constituye un elemento necesario en este proceso. Los análisis planteados en este libro acerca de las jerarquías intelectuales y de sus connotaciones son relevantes para comprender las tensiones que estructuran la práctica actual de la traducción en España y, posiblemente, en otros países: por un lado, la reivindicación de una «personalidad» basada en las connotaciones del campo artístico puede servir como estrategia de adquisición de prestigio, del mismo modo que la asociación con el campo universitario constituye un factor importante en el reconocimiento otorgado mediante premios institucionales; al mismo tiempo, el sector profesional muestra una progresiva voluntad de reconocimiento como colectivo a través de numerosos grupos, asociaciones y proyectos de visibilidad (Libros Blancos, premios, encuestas, reportajes, etc.). Puede hablarse, en suma, de una oposición discursiva entre individuo y grupo, entre la capitalización de un rol –escritor, profesor– y la construcción de una imagen colectiva: quienes, de una parte, refuerzan las diferencias observables en el interior del grupo para *distinguirse* y ascender en la jerarquía simbólica y quienes, de otra, emplean la unidad social de la profesión como superación de las diferencias. No parece probable que esta oposición desaparezca, lo que supone, en cierto sentido, una contención positiva ante al riesgo que implica todo proceso de apropiación de una identidad colectiva. Una cuestión queda, sin embargo, por desarrollar en el tiempo de la investigación: la evolución y las consecuencias de la dominación de género que, como he planteado, revela esta oposición de imagen social entre el individuo (el autor, el profesor, el hombre) y el colectivo (las traductoras, las mujeres).

Bibliografía

Fuentes citadas

ALEGRE HEITZMANN, Alfonso. 2002. «Fragmentos de un diálogo». *Babelia (*diario *El País)*, 13 de abril de 2002: 10.

ÁLVAREZ, José María. 2004. *Los decorados de la memoria.* Sevilla: Editorial Renacimiento.

BLESA, Túa. 2001. «Una palabra fundacional». *ABC Cultural (*diario *ABC)*, 24 de marzo de 2001: 10.

COLINAS, Antonio. 2008. «Antología poética. O.V. de Lubicz Milosz». *El Cultural (*diario *El Mundo)*, 10 de abril de 2008: 21.

CONTE, Rafael. 2005. «Mario Verdaguer, escritor y traductor ante todo». *Babelia (*diario *El País)*, 21 de mayo de 2005: 14.

DOBRY, Edgardo. 2006. «Epopeya del ángel caído». *Babelia (*diario *El País)*, 28 de enero de 2006: 11.

DOCE, Jordi. 1998. «Camino de la inminencia». *Cuadernos Hispanoamericanos,* 581: 115–119.

— 2003. «Un aire más allá de nosotros». *Blanco y Negro Cultural (*diario *ABC)*, 29 noviembre de 2003: 13.

ELORZA, Antonio. 2006. «Totalitarismos: visiones corales». *Babelia (*diario *El País)*, 18 de marzo de 2006: 12.

GALLEGO, Vicente. 1999. «Una estupenda versión». *La Esfera de los Libros (*diario *El Mundo)*, 12 de junio de 1999: 18.

GARCÍA GUAL, Carlos. 2000. «Aristóteles y la moderna teoría de la literatura». *Babelia (*diario *El País)*, 25 de marzo: 13.

GONZÁLEZ IGLESIAS, Juan Antonio. 1999. «Las Filípicas». *ABC Cultural (*diario *ABC)*, 6 de marzo de 1999: 23.

GULLÓN, Germán. 2006a. «Voltaire. Cuentos completos en prosa y verso». *El Cultural (diario El Mundo)*, 8 de junio: 12–13.
— 2006b. «Estambul». *El Cultural (diario El Mundo)*, 28 de septiembre de 2006: 13.
— 2006c. «Orhan Pamuk. Fabulador de la escisión entre Oriente y Occidente». *El Cultural (diario El Mundo)*, 19 de octubre de 2006: 10–11.
GURPEGUI, José Antonio. 1999. «Bartleby, el escribiente». *El Cultural (diario El Mundo)*, 17 de octubre de 1999: 21.
— 2001a. «Un trampolín de piedra sobre el Hudson». *El Cultural (diario El Mundo)*, 24 de enero de 2001: 26.
— 2001b. «La hora de la verdad». *El Cultural (diario El Mundo)*, 14 de febrero de 2001: 16.
IZQUIERDO, Lluis. 2002. «Ilusiones sin esperanza» *Babelia (diario El País)*, 10 de agosto de 2002: 5.
LANCEROS, Patxi. 2004. «Juegos africanos». *El Cultural (diario El Mundo)*, 1 de julio de 2004: 23.
LAZCANO, Asís. 2001. «El río de la vida». *Libros. Ideas, Música, Arte (diario La Vanguardia)*, 5 de enero de 2001: 4.
LYNCH, Enrique. «Un tramoyista de argumentos». *Babelia (diario El País)*, 31 de diciembre de 2004: 13
MAILLARD, Chantal. 2001. «Doctrinas secretas». *ABC Cultural (diario ABC)*, 31 marzo de 2001: 27.
MASOLIVER RÓDENAS, Juan Antonio. 2003. «Guía de Ulises». *Cultura/s (diario La Vanguardia)*, 18 de junio de 2003: 9.
MOLINA, César Antonio. «Dante, nuestro contemporáneo». *Blanco y Negro Cultural (diario ABC)*, 6 de noviembre de 2004: 14.
MOLINA FOIX, Vicente. 2002. «El yo de todos». En VV.AA. 2002. *Una invitación a la lectura*. Madrid: El País, 49–52.
OLIVÁN, Lorenzo. 1999. «Los borrosos perfiles». *ABC Cultural (diario ABC)*, 11 diciembre de 1999: 11.
OLLÉ, Manuel. 2001. «Poemas a la aguada». *ABC Cultural (diario ABC)*, 17 de febrero de 2001: 13.
PLA, Xavier. 2006. «La 'success story' de Derrida». *Cultura/s (diario La Vanguardia)*, 20 de septiembre de 2006: 12.
PUJOL, Carlos. 2000a. «Poeta de sombras». *ABC Cultural (diario ABC)*, 25 de marzo de 2000: 11.

— 2000b. «Los barrocos de Inglaterra». *ABC Cultural (*diario *ABC)*, 9 de septiembre de 2000: 10.

RODRÍGUEZ MARCOS, Javier. 2006. «Para malos tiempos». *Babelia (*diario *El País)*, 3 de junio de 2006: 6.

RUPÉREZ, Ángel. .2013. «La linterna del espino». *El País*, 30 de agosto de 2013.

SÁNCHEZ ROBAYNA, Andrés. 2008: «Jordi Doce: la voz y el sentido». *El Lotófago. Revista digital de arte*, 15. En línea: <http://www.lotofago.com/revista.php?id=153> [última consulta: 22 de junio de 2010].

SILES, Jaime. 2002. «Norte & Sur». *El Cultural (*diario *El Mundo)*, 8 de mayo: 13.

— 2006. «La perspectiva del azar». *ABCD (*diario *ABC)*, 15 de julio de 2006: 21.

SILIÓ, Elisa. 2008. «Desembarco nórdico». *Babelia (*diario *El País)*, 21 de junio de 2008: 18–19.

SUÑÉN, Juan Carlos. 1999. «El viaje de todos». *ABC Cultural (*diario *ABC)*, 7 de enero de 1999: 8.

TRÍAS, Eugenio. 2006. «Huellas». *El Cultural (*diario *El Mundo)*, 1 de junio de 2006: 29.

VILLENA, Luis Antonio de. 2004. «Doblemente clásico». *Babelia (*diario *El País)*, 24 de diciembre de 2004: 13.

Referencias

ABRAMS, Meyer Howard. 1989. *Doing things with texts: essays in criticism and critical theory*. Nueva York: Norton.

ACCARDO, Alain. 1991. *Introduction à une sociologie critique. Lire Pierre Bourdieu*. Tercera edición revisada [2006]. Marsella: Éditions Agone.

AGAMBEN, Giorgio. 1996. *Medios sin fin*. Traducción de Antonio Gimeno Cuspinera [2000]. Valencia: Pre–Textos.

AGORNI, Mirella. 2005. «A Marginal(ized) Perspective on Translation History: Women and Translation in the Eighteenth Century». *Meta,* 50(3): 817–830.

ANDERSON, Benedict. 1983. *Imagined Communities. Reflections on the Origin and Spread of Nationalism.* Segunda edición revisada [1991]. Londres y Nueva York: Verso.

ANKER, Richard. 1998. *Gender and jobs. Sex segregation of occupations in the world.* Segunda edición corregida [2001]. Ginebra: International Labour Office.

ARENCIBIA, Lourdes; et al. 2008. «Debate. La profesión en el ámbito hispánico». *Vasos Comunicantes,* 39: 31–45.

BACHLEITNER, Norbert; Wolf, Michaela. 2004. «Auf dem Weg zu einer Soziologie der literarischen Übersetzung im deutschsprachigen Raum». *Internationales Archiv für Sozialgeschichte der deutschen Literatur,* 29(2): 1–25.

BENNETT, Tony. 1995. *The Birth of the Museum. History, Theory, Politics.* Reedición [2005]. Londres y Nueva York: Routledge.

BERGER, Peter; LUCKMANN, Thomas. 1967. *La construcción social de la realidad.* Traducción de Silvia Zuleta [Decimonovena edición: 2005]. Madrid y Buenos Aires: Amorrortu editores.

BERGK, Johann Adam. 1799. *Die Kunst, Bücher zu lesen.* Reedición [2009]. Montana: Kessinger Publishing.

BERMAN, Antoine. 1984. *L'Épreuve de l'étranger : culture et traduction dans l'Allemagne romantique.* París: Gallimard.

BIRUS, Hendrik. 1995. «Goethes Idee der Weltliteratur. Eine historische Vergegenwärtigung». En Manfred SCHMELING, ed. *Weltliteratur heute. Konzepte und Perspektiven.* Würzburg: Königshausen & Neumann, 5–28.

BOLTANSKI, Luc. 1973. «L'espace positionnel: multiplicité des positions institutionnelles et habitus de classe». *Revue française de sociologie,* 14(1): 3–26.

— 1975. «Note sur les échanges philosophiques internationaux». *Actes de la recherche en sciences sociales,* 5–6: 191–199.

BORGES, Jorge Luis; DI GIOVANNI, Norman Thomas. 1971. «Autobiographical Essay». En Jorge Luis BORGES, *The Aleph and Other Stories.* Nueva York: Dutton, 135–88.

BORGES, Jorge Luis; FERRARI, Osvaldo. 1992. *Diálogos.* Barcelona: Seix–Barral.

103

BOURDIEU, Pierre. 1966. «Champ intellectuel et projet créateur». *Les Temps Modernes*, 246: 865–906.

— 1967. «Postface». En Erwin PANOFSKY. *Architecture gothique et pensée escolastique*. Edición y traducción de Pierre Bourdieu [1967]. París: Éditions de Minuit, 133–167.

— 1971a. «Le marché des biens symboliques». *L'Année sociologique*, 22: 49–126.

— 1971b. «Disposition esthétique et compétence artistique». *Les Temps modernes*, 295: 1345–1378.

— 1972. *Esquisse d'une théorie de la pratique*. Ginebra: Droz.

— 1977. «La production de la croyance: contribution à une économie des biens symboliques». *Actes de la Recherche en Sciences Sociales*, 13: 3–43.

— 1979 *La Distinction. Critique sociale du jugement*. Reedición [2007]. París: Éditions de Minuit.

— 1980. *Le sens pratique*. Reedición [2005]. París: Éditions de Minuit.

— 1982. *Ce que parler veut dire*. París: Fayard.

— 1983. «The field of cultural production, or: the economic world reversed». *Poetics*, 12: 311–356.

— 1984. *Questions de sociologie*. Reedición [2002]. Paris: Éditions de Minuit.

— 1987. *Choses dites*. París: Éditions de Minuit.

— 1989a. «Les conditions sociales de la circulation internationale des idées». En Gisèle SAPIRO, ed. 2009. *L'espace intellectuel en Europe*. París: La Découverte, 27–39.

— 1989b. *La noblesse d'État. Grandes écoles et esprit de corps*. París: Éditions de Minuit.

— 1992. *Les règles de l'art. Genèse et structure du champ littéraire*. Segunda edición revisada [Colección « Points »: 1998]. París: Éditions du Seuil.

— 1994. *Raisons pratiques. Sur la théorie de l'action*. París: Éditions du Seuil.

— 1998. *La domination masculine*. Reedición ampliada [Colección «Points»: 2002]. París: Éditions du Seuil.

— 1999. «Une révolution conservatrice dans l'édition». *Actes de la recherche en sciences sociales*, 126–127: 3–28.

BOURDIEU, Pierre; CHAMBOREDON, Jean–Claude; PASSERON, Jean–Claude. 1968. *Le métier de sociologue. Préalables épistémologi-*

ques. Cuarta edición revisada [1983]. Berlín, París y Nueva York: Mouton.

BOURDIEU, Pierre; DARBEL, Alain. 1969. *L'amour de l'art. Les musées d'art européens et leur public*. Segunda edicion revisada [1987]. Paris : Éditions de Minuit.

BOURDIEU, Pierre; DE SAINT MARTIN, Monique. 1975. «Les catégories de l'entendement professoral». *Actes de la recherche en sciences sociales*, 3: 68–93.

— 1976. «Anatomie du goût». *Actes de la recherche en sciences sociales*, 5: 2–81.

BOURDIEU, Pierre; DELSAUT, Yvette. 1975. «Le couturier et sa griffe. Contribution à une théorie de la magie». *Actes de la recherche en sciences sociales*, 1: 7–36.

BOURDIEU, Pierre; PASSERON, Jean–Claude. 1970. *La Reproduction. Eléments pour une théorie du système d'enseignement*. París: Éditions de Minuit.

BOURDIEU, Pierre; WACQUANT, Loïc. 1992. *Réponses. Pour une anthropologie réflexive*. París: Éditions du Seuil.

BRUHN, Peter; GLADE, Henry. 1980. *Heinrich Böll in der Sowjetunion, 1952–1979*. Berlin: Erich Schmidt Verlag.

BÜRGER, Peter. 1974. *Teoría de la Vanguardia*. Traducción de Jorge García [1987]. Barcelona: Península.

— 1983. *Crítica de la estética idealista*. Traducción de Ricardo Sánchez Ortiz de Urbina [1996]. Madrid: Antonio Machado Libros.

BUZELIN, Hélène. 2005. «Unexpected Allies. How Latour's Network Theory Could Complement Bourdieusian Analyses in Translation Studies». *The Translator*, 11(2): 193–218.

— 2007. «Translations 'in the making'». En Michaela WOLF & Alexandra FUKARI, eds. *Constructing a sociology of translation*. Amsterdam y Filadelfia: John Benjamins, 135–169.

CACOUAULT–BITAUD, Marlaine; RAVET, Hyacinthe. 2008. «Les femmes, les arts et la culture. Frontières artistiques, frontières de genre». *Travail, genre et sociétés*, 19 (1): 19–22.

CAMBA, Julio. 1962. *Alemania. Impresiones de un español*. Madrid: Renacimiento.

CARROLL, Lewis. 1871. *Alice in Wonderland & Through the Looking Glass*. Reedición [2005]. Kent: Digireads.

CASANOVA, Pascale. 1999. *La République mondiale des lettres*. Segunda edición revisada [2002]. París: Éditions du Seuil.

— 2002. «Consécration et accumulation de capital littéraire. La traduction comme échange inégal». *Actes de la recherche en sciences sociales*, 144: 7–20.

CASTELNUOVO, Enrico; GINZBURG, Carlo. 1981. «Domination symbolique et géographie artistique dans l'historie de l'art italien». *Actes de la recherche en sciences sociales*, 40: 51–72. Traducción de Dario Gamboni.

CAYGILL, Howard. 1989. *Art of Judgment*. Oxford: Blackwell Publishers.

CERLALC. 2009. *El espacio iberoamericano del libro 2008*. CERLALC/FGIE: Bogotá.

CHAMBERLAIN, Lori. 1988. «Gender and the Metaphorics of Translation». *Signs*, 13(3): 454–472.

CHARLE, Christophe. 2000. «Des sciences pour un empire culturel». *Actes de la recherche en sciences sociales*, 133: 89–95.

— 2002. «Pour une histoire culturelle et symbolique des capitales européennes». En Christophe CHARLE & Daniel ROCHE, eds. *Capitales culturelles, capitales symboliques. Paris et les expériences européennes*. París: Publications de La Sorbonne, 9–22.

CHESTERMAN, Andrew. 1993. «From 'is' to 'ought': Laws, norms and strategies in Translation Studies». *Target* 5, 1–20.

— 1997. *Memes of Translation. The Spread of Ideas in Translation Theory*. Amsterdam y Filadelfia: John Benjamins.

— 2006. «Questions in the sociology of translation». En João FERREIRA DUARTE, Alexandra ASSIS ROSA & Teresa SERUYA, eds. *Translation Studies at the Interface of Disciplines*. Amsterdam y Filadelfia: John Benjamins, 9–27.

— 2009. «The Name and Nature of Translator Studies». *Hermes – Journal of Language and Communication Studies*, 42: 13–22.

COCKBURN, Cynthia. 1987. *Two–track training. Sex Inequalities and the YTS*. Londres: Macmillan Education.

CODDE, Philippe. 2003. «Polysystem Theory Revisited: A New Comparative Introduction». *Poetics Today*, 24(1): 91–126.

COULANGEON, Philippe; DUVAL, Julien. 2013. «Introduction». En Philippe Coulangeon & Julien Duval, dir. *Trente ans après La Distinction de Pierre Bourdieu*. París: La Découverte, 7–25.

COY, Javier. 1987. «Prólogo». En William FAULKNER. 2000. *Santuario*. Madrid: Austral/Espasa Calpe.

CRUCES COLADO, Susana. 1998. «Traducción y reescritura de Camus en España (1949–1975)». En Teresa GARCÍA–SABELL, Dolores OLIVARES, Annick BOILÉVE–GUERLET & Manuel GARCÍA, eds. *Les Chemins du Texte. VI Coloquio da APFFUE*. Santiago de Compostela: Universidade de Santiago, 282–291.

CURTIUS, Ernst Robert. 1953. *Literatura Europea y Edad Media latina*. Traducción de Margit Frenk Alatorre [1976]. México: Fondo de Cultura Económica.

DARWIX, Mahmud. 1997. *La Palestine comme métaphore. Entretiens*. Traducción de Elias Sanbar y Simone Bitton. Arles: Actes Sud.

DAVIDSON, Brad. 2000. «The interpreter as institutional gatekeeper: the social–linguistic role of interpreters in Spanish–English medical discourse». *Journal of Sociolinguistics*, 4(3): 379–405.

DAY, Douglas. 1980. «Borges, Faulkner, and *The Wild Palms*». *Virginia Quarterly Review*, 56(1): 109–118.

DE JONG, Engelien. 1999. «The impact of motivation on the career commitment of Dutch literary translators». *Poetics*, 26: 423–437.

DE SWAAN, Abram. 1991. «Notes on the Emerging Global Language System: Regional, National and Supranational». *Media, Culture and Society*, 13: 241–257.

— 1993. «The Emerging World Language System». *International Political Science Review*, 14(3): 219–226.

DESROSIÈRES, Alain; THÉVENOT, Laurent. 1988. *Les catégories socioprofessionnelles*. París: La Découverte.

DIAZ FOUCES, Oscar; MONZÓ, Esther. 2010. «What Would a Sociology Applied to Translation Be Like?». *MonTI*, 2: 9–18

DURKHEIM, Émile. 1894. *Les règles de la méthode sociologique*. Reedición con prólogo de Jean–Michel Berthelot [1988]. París: Flammarion.

DURKHEIM, Émile; MAUSS, Marcel. 1903. «De quelques formes primitives de classification. Contribution à l'étude des représentations collectives». En Marcel MAUSS. 1974. *Œuvres. 2. Représentations collectives et diversité des civilisations*. Edición de Victor Karady. París: Éditions de Minuit, 13–89.

DUVAL, Julien. 2010. «Distinction Studies». *Actes de la recherche en sciences sociales*, 181–182: 146–156.

EAGLETON, Terry. 1984. *The function of criticism*. Reedición [2005]. Londres y Nueva York: Verso Books.

EHRENHAUS, Andrés; et al. 2008. «Debate. El castellano de la traducción (II)». *Vasos Comunicantes*, 39, pp. 65–81.

EVEN–ZOHAR, Itamar. 1978. *Papers in Historical Poetics*. Tel Aviv: The Porter Institute for Poetics and Semiotics.

—   1990. «Polysystem Theory». *Poetics Today*, 11(1): 9–26.

—   1997. «Factors and Dependencies in Culture: A Revised Outline for Polysystem Culture Research». *Canadian Review Of Comparative Literature*, 24(1): 15–34.

FAYEN, Tanya. 1995. *In search of the Latin American Faulkner*. Maryland: University Press of America.

FERNÁNDEZ, Fruela. 2011a. «Las condiciones sociales del juicio. Aportaciones al estudio de la recepción crítica de literatura traducida». *Quaderns. Revista de traducció*, 18: 187–198.

—   2011b. *La recepción crítica de literatura traducida en España (1999–2008): aportaciones a una sociología de la literatura transnacional*. Granada: Universidad de Granada.

—   2011c. «La Sociología Crítica y los Estudios de Traducción: premisas y posibilidades de un enfoque interdisciplinar». *Sendebar*, 22: 21–41.

—   2012. «De la profesionalización a la invisibilidad: las mujeres en el sector de la traducción editorial». *Trans. Revista de Traductología*, 16: 49–64.

FOUCAULT, Michel. 1966. *Les mots et les choses*. Reedición [Colección «TEL»: 2005]. París: Gallimard.

—   1969. «Qu'est-ce qu'un auteur?». En Michel FOUCAULT. 1994. *Dits et écrits*, 1954-1988. Edición de Daniel Defert y François Ewald. París: Gallimard, 789- 821.

—   1983. «On the genealogy of ethics: an overview of work in progress». En Michel FOUCAULT. 1997. *Ethics, subjectivity and truth*. Edición de Paul Rabinow. Nueva York: The New Press, 253–280.

—   2004a. *Sécurité, territorie, population. Cours au Collège de France (1977–1978)*. París: Gallimard / Seuil.

—   2004b. *Naissance de la biopolitique. Cours au Collège de France (1978–1979)*. París: Gallimard / Seuil.

108

GALLEGO ROCA, Miguel. 1996. *Poesía importada. Traducción poética y renovación literaria en España (1909–1936)*. Almería: Universidad de Almería.

GAMBIER, Yves. 2006. «Pour une socio–traduction». En João FERREIRA DUARTE, Alexandra ASSIS ROSA, Teresa SERUYA, eds. *Translation Studies at the Interface of Disciplines*. Amsterdam & Filadelfia: John Benjamins, 29–42.

GANNE, Valérie; MINON, Marc. 1992. «Géographies de la traduction». En Françoise BARRET–DUCROCQ, ed. *Traduire l'Europe*. París: Éditions Payot, 55–95.

GARGATAGLI, Ana; LÓPEZ–GUIX, Juan Gabriel. 1992. «Ficciones y teorías en la traducción: Jorge Luis Borges». *Livius*, 1: 57–67.

GELDOF, Koenraad. 1997. «Du champ (littéraire): Ambiguïtés d'une manière de faire sociologique». *Canadian Review of Comparative Literature, 24*: 77–89.

GOUANVIC, Jean–Marc. 1994. «La traduction et le devenir social : le cas de l'irruption de la science–fiction américaine en France après la Seconde Guerre mondiale». *TTR: traduction, terminologie, rédaction*, 7(1): 117–152.

— 2007. *La Pratique sociale de la traduction: le roman réaliste américain dans le champ littéraire français (1920–1960)*. Arras: Artois Presses Université.

HABERMAS, Jürgen. 1962. *Historia y crítica de la opinión pública*. Traducción de Antoni Domènech, en colaboración con Rafael Grasa [1994]. Barcelona: Gustavo Gili.

HAUSER, Arnold. 1973. *Sozialgeschichte der Kunst und Literatur*. Munich: Verlag Beck.

HEARN, Lafcadio. 1904. *Kwaidan. Stories and Studies of Strange Things*. Reedición [2012]. New York: Dover Books.

HEILBRON, Johan. 1999. «Toward a Sociology of Translation: Book Translations as a Cultural World–System». *European Journal of Social Theory*, 2 (4): 429–444.

— 2000. «Translation as a cultural world system». *Perspectives*, 8(1): 9– 26.

— 2001. «Échanges culturels transnationaux et mondialisation: quelques réflexions». *Regards Sociologiques* 22: 141–154.

HEILBRON, Johan; SAPIRO, Gisèle. 2002. «La traduction littéraire, un objet sociologique». *Actes de la recherche en sciences sociales*, 144 : 3–5.

— 2007. «Outline for a sociology of translation. Current issues and future prospects». En Michaela WOLF & Alexandra FUKARI, eds. *Constructing a sociology of translation*. Amsterdam y Filadelfia: John Benjamins, 93–107.

— 2008. «La traduction comme vecteur des échanges culturels internationaux». En Gisèle SAPIRO, dir. *Translatio. Le marché de la traduction en France à l'heure de la mondialisation*. París : CNRS Éditions, 25–44.

HEINICH, Nathalie. 1984. «Les traducteurs littéraires: l'art et la profession». *Revue Française de Sociologie*, 25: 264–280.

HERMANS, Theo. 1991. «Translational Norms and Correct Translations». En Kitty VAN LEUVEN–ZWART & Ton NAAIJKENS, eds. *Translation Studies: The State of the Art. Proceedings of the First James S. Holmes Symposium on Translation Studies*. Ámsterdam/Atlanta: Rodopi, 155–169.

— 1996. «Norms and the Determination of Translation. A Theoretical Framework». En Román ÁLVAREZ & Mª Carmen–África VIDAL, eds. *Translation, Power, Subversion*. Clevedon: Multilingual Matters, 25–51.

— 1999. *Translation in Systems. Descriptive and System–oriented Approaches Explained*. Manchester: St. Jerome.

HOLMES, James. 1972. «The Name and Nature of Translation Studies». En James HOLMES. 1988. *Translated! Papers on Literary Translation and Translation Studies*. Amsterdam: Rodopi, 66–80.

HURTADO, Amparo. 1990. *La notion de fidélité en traduction*. París: Didier Érudition.

IBÁÑEZ PASCUAL, Marta. 2008. «La segregación ocupacional por sexo a examen Características personales, de los puestos y de las empresas asociadas a las ocupaciones masculinas y femeninas». *Revista Española de Investigaciones Sociológicas*, 123: 87–122.

INGHILLERI, Moira. 2005. «The Sociology of Bourdieu and the Construction of the 'Object' in Translation and Interpreting Studies». *The Translator*, 11(2): 125–145.

JAMESON, Fredric. 1987. «World Literature in an Age of Multinational Capitalism». En Clayton KOELB & Virgil LOKKE, eds. *The Current*

in Criticism: Essays on the Present and Future in Literary Theory.
West Lafayette: Purdue University Press, 139–158.

— 1998. *The Cultural Turn. Selected Writings on the Postmodern 1983–1998.* Londres: Verso.

JASZI, Peter. 1991. «Toward a Theory of Copyright: The Metamorphoses of Authorship». *Duke Law Journal,* 40: 455–502.

KALINOWSKI, Isabelle. 2002. «La vocation au travail de traduction». *Actes de la recherche en sciences sociales,* 144: 47–54.

— 2007. «Denise Naville traductrice». En Françoise BLUM, ed. *Les vies de Pierre Naville.* Lille: Presses du Septentrion, 51–63.

KERNAN, Alvin. 1989. *Samuel Johnson & the impact of print.* New Jersey: Princeton University Press.

KOSELLECK, Reinhart. 1982. «Crisis». En Reinhart KOSELLECK. 2007. *Crítica y crisis. Un estudio sobre la patogénesis del mundo burgués.* Traducción de Jorge Pérez de Tudela. Madrid: Trotta, 241-281.

KLEIN, Lawrence. 1993. *Shaftesbury and the culture of politeness.* Cambridge: Cambridge University Press.

KRISTELLER, Paul Oskar. 1951. «The modern system of the arts, I». *Journal of the History of Ideas,* 12(4): 496–527.

— 1952. «The modern system of the arts, II». *Journal of the History of Ideas,* 13(1): 17–46.

LABRUM, Marian. 1998. «*Las palmeras salvajes* en traducción de Jorge Luis Borges: crítica y evaluación». *Livius,* 12: 85–93.

LAMBERT, José. 1993. «Shakespeare en France au tournant du XVIIIe siècle. Un dossier européen». En Dirk DELABATISTA & Lieven D'HULST, eds. *European Shakespeares. Translating Shakespeare in the Romantic Age.* Amsterdam y Filadelfia: John Benjamins, 25–44.

LAMBERT, José; D'HULST, Lieven; VAN BRAGT, Katrin. 1985. «Translated Literature in France, 1800–1850». En Theo HERMANS, ed. *The Manipulation of literature: studies in literary translation.* 149–163. Kent y Surry Hills: Croom Helm.

LANDRIN, Xavier. 2009. «La sémantique historique de la *Weltliteratur*: genèse conceptuelle et usages savants». En Anna BOSCHETTI, dir. *L'espace culturel transnational.* París: Nouveau Monde Éditions, 73–134.

LEBARON, Frédéric. 2000. «Le structuralisme génétique». En Jean–Michel BERTHELOT, ed. *La sociologie française contemporaine.* París: PUF, 59–69.

LEFEVERE, André. 1992. *Translation, Rewriting & the Manipulation of Literary Fame*. Londres y Nueva York: Routledge.

LEFEVERE, André; BASSNETT, Susan. 1990. «Introduction. Proust's Grandmother and the Thousand and One Nights: The 'Cultural Turn' in Translation Studies». En Susan BASSNETT & André LEFEVERE, eds. *Translation, History and Culture*. Londres y Nueva York: Pinter Publishers, 1–13.

LEWIN, Kurt. 1947. «Frontiers in Group Dynamics: Concept, Method and Reality in Social Science». *Human Relations*, 1: 5–41.

LOSEV, Lev. 2006. *Joseph Brodsky: a literary life*. Traducción de Jane Ann Miller. Michigan: Sheridan Books.

MACÍAS SISTIAGA, Carmen; FERNÁNDEZ–CID, Matilde; MARTÍN CAÑO, Ángel. 1997. «Encuesta a traductores. Informe de resultados». En ACE–TRADUCTORES, eds. *Libro Blanco de la Traducción en España*. Madrid: ACE–Traductores, 25–95.

MAGALHAES, Francisco José. 1996. *Da tradução profissional em Portugal*. Lisboa: Colibri.

MARINAS, José Miguel. 2010. «Estudio». En ACE Traductores. 2010. *Libro Blanco de la Traducción*. Madrid: Ministerio de Cultura y ACE Traductores, 37–83.

MARUANI, Margaret; NICOLE, Chantal. 1989. *Au labeur des dames. Métiers masculins, emplois féminins*. París: Syros.

MARX, Karl. 1867. *Das Kapital*. Edición escogida a cargo de Benedikt Kautsky [1957]. Stuttgart: Alfred Kröner Verlag.

MARX, Karl; ENGELS, Friedrich. 1848. *Manifest der kommunistischen Partei*. En Karl MARX & Friedrich ENGELS. 1972. *Werke. Band 4*. Berlín: Dietz Verlag, 459–493.

MATTICK, Paul. 1993. «Introduction». En Paul MATTICK, ed. 1993. *Eighteenth–Century Aesthetics and the Reconstruction of Art*. Cambridge: Cambridge University Press, 1–15.

MAUSS, Marcel. 1936. «Les techniques du corps». En Marcel MAUSS. 1950. *Sociologie et anthropologie*. Duodécima reedición [colección «Quadriges»: 2010]. París: PUF, 363–386.

MEIZOZ, Jérôme. 1996. «Le droit de "mal écrire". Trois cas helvétiques (XVIIIe–XXe siècle)». *Actes de la recherche en sciences sociales*, 111–112: 92–109.

MIYOSHI, Masao. 1991. *Off center: power and culture relations between Japan and the United States*. Cambridge (EEUU): Harvard University Press.

MONZÓ, Esther. 2005. «Being ACTIVE in Legal Translation and Interpreting: Researching and Acting on the Spanish Field». *Meta*, 50(4). Edición en CD–Rom sin paginación.

— 2006. «¿Somos profesionales? Bases para una sociología de las profesiones aplicada a la traducción». En Arturo PARADA & Oscar DIAZ FOUCES, eds. *Sociology of Translation*. Vigo: Universidade de Vigo, 157–176.

MORETTI, Franco. 2000. «Conjectures on World Literature». *New Left Review*, 1: 54–68.

MOULIN, Raymonde. 1992. *L'Artiste, l'institution et le marché*. París: Flammarion.

MUKHERJEE, Meenakshi. 1985. *Realism and Reality: The Novel and Society in India*. Londres y Nueva York: Oxford University Press.

NEBRIJA, Antonio de. 1492. *Gramática Castellana*. Edición de Esparza y Sarmiento [1992]. Madrid: SGEL.

NORD, Britta. 2003. «"Zwar frei von gravierenden Fehlern, dafür sonst etwas zu frei". Heimliche und unheimliche Ideale der literarischen Übersetzung». En Britta NORD & Peter A. SCHMIDT, eds. *Traducta Navis. Festschrift zum 60. Geburtstag von Christiane Nord*. Tübingen: Stauffenburg Verlag, 151–164.

PAPÍ, Natalia; FRAU, Mª José. 2005. «La conciliación del empleo y del hogar: respuesta y reflejo de una organización del trabajo construida desde la institución del género». *REIS*, 110: 149–171.

PAZ, Octavio. 1967. *Corriente alterna*. Reedición [2000]. México: Siglo XXI Editores.

PINTO, Louis. 1995. *Les neveux de Zarathoustra: la réception de Nietzsche en France*. París: Éditions du Seuil.

POUND, Ezra. 1934. *ABC of Reading*. Vigésimo octava edición [2005]. Nueva York: New Directions.

PRASAD, Gaurishanker. 1999. «Writing translation: the strange case of the Indian English Novel». En Susan BASNNETT & Harish TRIVEDI, eds. *Post–colonial translation: theory and practice*. Londres y Nueva York: Routledge, 41–57.

PRUNČ, Erich. 2007. «Priests, princes and pariahs. Constructing the professional field of Translation». En Michaela WOLF & Alexandra

113

FUKARI, eds. *Constructing a sociology of translation*. Amsterdam y Filadelfia: John Benjamins, 39–56.

PYM, Anthony. 1988. «Les notions de *réseau* et de *régime* en relations littéraires internationales». En Anthony PYM, ed. *L'Internationalité littéraire*. París y Barcelona: Noesis, 5–21.

— 2006. «On the social and the cultural in Translation Studies». En Anthony PYM, Miriam SHLESINGER & Zuzana JETTMAROVÁ, eds. *Sociocultural Aspects of Translating and Interpreting*. Amsterdam and Philadelphia: John Benjamins: 1–25

RAVET, Hyacinthe. 2003. «Professionnalisation féminine et féminisation d'une profession: les artistes interprètes de musique». *Travail, genre et sociétés*, 9: 173–195.

— 2007. «Devenir clarinettiste. Carrières féminines en milieu masculin». *Actes de la recherche en sciences sociales*, 168: 50–67.

REISS, Katharina. 1971. *Möglichkeiten und Grenzen der Übersetzungskritik: Kategorien und Kriterien für eine sachgerechte Beurteilung von Übersetzungen*. Tercera edición [1986]. Munich: Max Hueber Verlag.

SAPIRO, Gisèle. 2003. «The literary field between the state and the market». *Poetics*, 31: 441–464.

— 2008. «Normes de traduction et contraintes sociales ». En Anthony PYM, Miriam SHLESINGER & Daniel SIMEONI, dir. *Beyond descriptive translation studies. Investigations in homage to Gideon Toury*. Amsterdam: John Benjamins, 199–208.

— 2009. «L'Europe, centre du marché mondial de la traduction». En Gisèle SAPIRO, dir. *L'espace intellectuel en Europe. De la formation des États–nations à la mondialisation*. París: La Découverte, 249–297.

— 2010. «Globalization and cultural diversity in the book market : the case of translations in the US and in France». *Poetics*, 38: 419–439.

— 2012. «Les obstacles économiques et culturels à la traduction». En Gisèle SAPIRO, dir. *Traduire la littérature et les sciences humaines. Conditions et obstacles*. París: La Documentation Française, 25-53.

SCHWARZ, Roberto. 1977. «The Importing of the Novel to Brazil and Its Contradictions in the Work of Roberto Alencar». En Roberto SCHWARZ. 1992. *Misplaced Ideas*. Traducción y edición de John Gledson. Londres y Nueva York: Verso, 41–77.

SELA–SHEFFY, Rakefet. 2005. «How to be a (recognized) translator. Rethinking habiturs, norms and the field of translation». *Target,* 17(1): 1–26.

— 2008. « The Translators' Personae: Marketing Translatorial Images as Pursuit of Capital». *Meta,* 53(3): 609–622.

SERRY, Hervé. 2002. «Constituer un catalogue littéraire. La place des traductions dans l'histoire des Éditions du Seuil». *Actes de la Recherche en Sciences Sociales,* 144: 70–79.

SHEFFY, Rakefet. 1997. «Models and Habituses: Problems in the Idea of Cultural Repertoire». *Canadian Review of Comparative Literature,* 24: 35–47.

SHINER, Larry. 2001. *La invención del arte. Una historia cultural.* Traducción de Eduardo Hyde y Elisenda Julibert [2004]. Barcelona: Paidós.

SHUSTERMAN, Richard. 1986. «Wittgenstein and Critical Reasoning». *Philosophy and Phenomenological Research,* 47: 91–110.

SIMEONI, Daniel. 1998. «The Pivotal Status of the Translator's Habitus». *Target,* 10(1): 1–39.

SIROIS, Andrée. 1997. *Les femmes dans l'histoire de la traduction : de la Renaissance au XIXe siècle : domaine français.* Tesis doctoral inédita, Université d'Ottawa.

SNELL–HORNBY, Mary. 2006. *The Turns of Translation Studies. New paradigms or shifting viewpoints?* Amsterdam y Filadelfia: John Benjamins.

SORÁ, Gustavo. 2009. «Des éclats du siècle: unité et désintégration dans l'édition hispano–américaine en sciences sociales». En Gisèle SAPIRO, dir. *Les Contradictions de la globalisation éditoriale.* París: Nouveau Monde éditions, 93–116.

SORRENTINO, Fernando. 1998. «El kafkiano caso de la *Verwandlung* que Borges jamás tradujo». *Revista Espéculo,* 10. En línea: <http://www.ucm.es/info/especulo/numero10/borg_tra.html>.

STRUBE, Werner. 1979. «'Interesselosigkeit'. Zur Geschichte eines Grundbegriffs der Ästhetik». *Archiv für Begriffsgeschichte,* 22(2): 148–174.

THIESSE, Anne–Marie. 1999. *La Création des identités nationales. Europe XVIIe siècle–XXe siècle.* Reedición [2001]. París: Éditions du Seuil.

TOURY, Gideon. 1980. *In Search of a Theory of Translation*. Tel–Aviv: The Porter Institute for Poetics and Semiotics.

— 1995. *Descriptive Translation Studies and Beyond*. Amsterdam y Filadelfia: John Benjamins.

TYULENEV, Sergey. 2009. «Why (not) Luhmann? On the Applicability of the Social Systems Theory to Translation Studies». *Translation Studies*, 2 (2): 147–162.

VANDERSCHELDEN, Isabelle. 2000. «Quality Assessment and Literary Translation in France». *The Translator*, 6(2): 271–293.

VAN DIJK, Teun. 1995. «Discourse, Opinions and Ideologies». *Current Issues In Language and Society*, 2(2): 115–145.

VERMEER, Hans. 2006. *Luhmann's 'Social Systems' Theory: Preliminary Fragments of a Theory of Translation*. Berlin: Frank & Timme.

VILA–SANJUÁN, Sergio. 2007. *El síndrome de Frankfurt*. Barcelona: RBA Ediciones.

VON FLOTOW, Luise. 2007. «Revealing The "Soul of Which Nation?": Translated Literature as Cultural Diplomacy». En Paul ST. PIERRE & Prafulla C. KAR, eds. *Translation. Reflections, Refractions, Transformations*. Ámsterdam: John Benjamins, 187–200.

WACQUANT, Loïc. 2004. «Habitus». En Jens BECKERT & Milan ZAFIROVSKI, ed. *International Encyclopedia of Economic Sociology*. Londres: Routledge, 317–321.

WADENSJÖ, Cecilia. 1998. *Interpreting as Interaction*. Londres y Nueva York:Longman.

WALLERSTEIN, Immanuel. 1979. *The Capitalist World–Economy*. Cambridge: Cambridge UP.

WEBER, Max. 1922. *Wirtschaft und Gesellschaft: Grundriß der verstehenden Soziologie*. Edición de Johannes Winckelmann [1980]. Tübingen: J.C.B. Mohr.

WERNER, Michaël. 1994. «Histoire littéraire contre *Literaturgeschichte*». *Genèses. Sciences Sociales et Histoire*, 14: 4–26.

WHITE, David. 1973. «The Metaphysics of Disinterestedness: Shaftesbury and Kant». *The Journal of Aesthetics and Art Criticism*, 32(2): 239–248.

WITTGENSTEIN, Ludwig. 1970. *Lectures and Conversations on Aesthetics, Psychology and Religious Belief*. Edición de Cyril Barrett. Oxford: Blackwell.

WOLF, Michaela. 2006. «Translating and Interpreting as a Social Practice – Introspection into a New Field». En Michaela WOLF, ed. *Übersetzen – Translating – Traduire: Towards a 'Social Turn'?* Münster y Viena: LIT Verlag, 9–19.

—— 2007. «The emergence of a sociology of translation». En Michaela WOLF & Alexandra FUKARI, eds. *Constructing a sociology of translation.* Amsterdam y Filadelfia: John Benjamins, 1–36.

WOODMANSEE, Martha. 1994. *The Author, Art and the Market.* Nueva York: Columbia University Press.

WOODSWORTH, Judith. 1996. «Language, Translation and the Promotion of National Identity: Two Text Cases». *Target,* 8(2): 211–238.

ZALL, Paul. 1955. «Wordsworth and the Copyright Act of 1842». *PMLA,* 70(1): 132–144.

ŽIŽEK, Slavoj. 1994. «Introduction. The Spectre of Ideology». En Slavoj ŽIŽEK, ed. *Mapping Ideology.* Londres y Nueva York: Verso, 1–33.

Studien zur romanischen Sprachwissenschaft
und interkulturellen Kommunikation

Herausgegeben von Gerd Wotjak

www.peterlang.com